版权声明

"Don't Get So Upset!": Help Young Children Manage Their Feelings by Understanding Your Own by Tamar Jacobson, Ph.D.

Copyright © 2008 by Tamar Jacobson

Published by arrangement with Redleaf Press c/o Nordlyset Literary Agency through Bardon-Chinese Media Agency

Simplified Chinese translation copyright © 2024 by China Light Industry Press Ltd. / Beijing Multi-Million New Era Culture and Media Company, Ltd.

ALL RIGHTS RESERVED

保留所有权利。非经中国轻工业出版社"万千教育"书面授权,任何人不得以任何方式(包括但不限于电子、机械、手工或其他尚未被发明或应用的技术手段)复印、拍照、扫描、录音、朗读、存储、发表本书中任何部分或本书全部内容(包括但不限于光盘、音频、视频等)。中国轻工业出版社"万千教育"未授权任何机构提供源自本书内容的电子文件阅览、收听或下载服务。如有此类非法行为,查实必究。

"Don't Get So Upset!"
Help Young Children Manage Their Feelings
by Understanding Your Own

幼儿教师的情绪管理课
怎样做自己和幼儿的情绪管理师

[美] 塔马·雅各布森（Tamar Jacobson）◎著
李 甦◎译

图书在版编目（CIP）数据

幼儿教师的情绪管理课：怎样做自己和幼儿的情绪管理师／（美）塔马·雅各布森（Tamar Jacobson）著；李甦译. —北京：中国轻工业出版社，2024.8
ISBN 978-7-5184-4815-9

Ⅰ.①幼… Ⅱ.①塔…②李… Ⅲ.①幼教人员-情绪-自我控制 Ⅳ.①G615

中国国家版本馆CIP数据核字（2024）第103994号

责任编辑：牟　聪　　责任终审：张乃柬
策划编辑：吴　红　　责任校对：刘志颖　　责任监印：吴维斌

出版发行：中国轻工业出版社（北京鲁谷东街5号，邮编：100040）
印　　刷：三河市鑫金马印装有限公司
经　　销：各地新华书店
版　　次：2024年8月第1版第1次印刷
开　　本：880×1230　1/32　印张：6.375
字　　数：100千字
书　　号：ISBN 978-7-5184-4815-9　定价：48.00元
读者热线：010-65181109
发行电话：010-85119832　010-85119912
网　　址：http://www.chlip.com.cn　http://www.wqedu.com
电子信箱：1012305542@qq.com
版权所有　侵权必究
如发现图书残缺请拨打读者热线联系调换
231955Y1X101ZYW

译 者 序

当首次翻开《幼儿教师的情绪管理课——怎样做自己和幼儿的情绪管理师》("Don't Get So Upset!": Help Young Children Manage Their Feelings by Understanding Your Own)这本书的时候，我就被作者的独特视角和深刻见解吸引。虽然我所从事的研究工作较少涉及幼儿的情绪发展，但由于我一直对幼儿情绪的健康发展以及幼儿教师的情绪管理问题很感兴趣，所以便大胆地接受了出版社的邀请，开始翻译这本书。

情绪与我们的生活息息相关，每个人都会不可避免地经历各种情绪事件，而体验到不同的情绪。更为重要的是，情绪与我们的认知和行为活动常常交织在一起。我们对自我和他人的认识，我们的言语、判断和决策等心理过程都会受到情绪的影响。所以，情绪的健康发展对于个体的学习能力、社交能力、自我认识及心理健康都具有积极的意义。同时，作为儿童发展过程中的重要他人——教师的情绪状态对幼儿发展也有显著的影响。在幼儿教育实践中，我们在强调促进幼儿情绪健康发展，培养幼儿情绪调节能力的同时，也一直在强调教师自身情绪管理的重要性。

在多年的研究工作中，我有很多机会接触幼儿教师，深知他们工作的重要性，也非常了解他们的工作性质及每天的工作状态。幼儿教师不仅需要完成教育教学工作，还需要面对不少令人头痛的幼儿的各种情绪问题——哭闹、生气、排斥活动及拒绝表达等。虽然我认为情绪管理和调节很重要，教师需要掌握一些管理和调节幼儿情绪的方法，但也一直觉得仅仅强调"管理"或"调节"还不够，似乎还缺少一些东西。

塔马·雅各布森（Tamar Jacobson）博士的这本书为我提供了答案。它是一本立足于"关系"与"联结"的情绪管理指导书。作为读者，我们在书中既能看见教师，又能看见幼儿。本书之所以能有这样的视角，与作者的工作经历有很大关系。塔马博士既做过幼儿园的带班教师，对幼儿教师的日常工作感同身受，也做过教育管理者，还对相关问题进行了深入研究。这样丰富的个人职业经历使她能够从不同层面、以独特的视角来深入解析幼儿情绪问题及行为问题的来源，从而帮助教师摆脱单纯寻找具体"策略"或"方法"的束缚，学会创建支持性的环境，并在其中找到帮助孩子的方法。

塔马博士在本书的引言中就在教师与幼儿之间建立起了"联结"。她指出，教师处理幼儿的行为及情绪问题的方法会受到教师自身情绪记忆的影响，因为成人早年的记忆会影响他们如何管教幼儿。成人小时候如何表达情绪，周围的大人如何回应他们的情绪表达等经历，也同样会影响教师如何与幼儿互动。之后，作者从脑科学的角度，阐述了在个体发展早期，成人与幼儿的互动方式会成为幼儿的情绪记忆被永久保存，从而影响他们未来的情绪发展及自我认同。所以，以爱和尊重为核心的积极关系，将会极大地促进幼儿的情绪健康。作者在强调关注幼儿情绪发展的同时，也强调不要忽视教师的情绪健康，这一点我非常赞同。帮助幼儿教师认识自己的情绪，觉察自己的感受，能使他们以更成熟和更专业的方式对待幼儿。

在本书的第二、第三以及第四章，塔马博士结合生活中的各种案例，帮助教师了解和面对情绪。特别是在面对孩子发脾气的时候，在自己"发怒"的时候，成人该如何坦诚地面对自己的情绪，以及该如何接纳自己和幼儿的情绪。以此为基础，塔马博士以自身经验为线索，引导教师学习如何探索自我，并进行自我反思。她通过将自己的童年经历与当下的情绪事件建立"联结"，让教师从自己的角度了解儿童在与家庭建立重要关系时的感受，从而找到对幼儿发怒的深层原因，为重构自己的情绪记忆奠定基础。在阅读这些内容时，我能感受到塔马博士对幼儿教师的情绪经历充满着深深的关切。她特别希望能帮助教师掌控自己的情绪，更好地帮助幼儿来处理情绪问题。所以，我觉得这是一本非常好的指导幼儿教师进行情绪管理的读物。

本书第六章专门讨论了"管教与惩罚"这一令很多教育者感到困惑的话题，其中塔马博士再次强调了"关系"的重要性。她认同儿童在成长的过程中需要了解规则，成人需要给孩子设定界限，需要培养孩子的自我调节能力。同时，她也明确指出，儿童在成长过程中渴望关注，渴望与成人建立关系。而自我调节恰恰要求孩子在情感上独立，学会不去依靠关心和教育他们的成人。这就需要成人在关注儿童的需求与自我调节的要求之间保持平衡，并通过与儿童建立联结，通过积极温暖的关系来教导儿童，而不是通过排斥和惩罚来教育儿童。塔马博士在书中描述了一些教育场景中的案例，这些幼儿本来是渴求关注，结果却受到成人严厉的惩罚，这样的场景我们也并不陌生。这些案例提醒专业人士，必须要对自己与幼儿的互动行为负责，不要把幼儿渴求关注看作坏事，以免在无意中伤害孩子。

阅读和翻译本书的过程对我来说也是一个学习的过程。塔马博士非常有勇气，她能够以自己的经历以及对自我情绪经历的探索为例子来帮助读者理解书中的内容，这本身就是一种力量的传递，鼓励读者开始了解自我并与幼儿建立联结。同时，她也提供了很多实用的、具有操作性的方法，使读者能够在管理儿童行为的过程中觉察自己的感受，并发现适合自己的策略与方法。所以，本书不仅适合幼儿教育工作者、社会工作者、教师教育研究者以及教育管理者阅读，也适合幼儿的父母阅读。

感谢中国轻工业出版社"万千教育"编辑部吴红老师的信任与包容。他给我提供了充裕的时间以完成这本书的翻译工作，从而让我能更从容地理解作者的所思所想，并在翻译的过程中获得成长。希望遇到这本书的读者，既能看见儿童，也能看见自己。

在自我探索的过程中，不仅要了解自己，更要爱自己。

李甡

2024 年 4 月于北京

原 著 序

教室里坐满了学生，我环视着每个人的面孔。期末堆积如山的课程作业，让她们显得疲惫不堪。在这些年轻的女性中，有许多人在上学的同时还在工作。她们打算成为幼儿教师。我今天感觉不到她们的能量。每个人看起来都垂头丧气、无语、无聊且疲惫——好像除了这里，她们宁愿去别的地方，去任何地方都可以。我的课程是关于家庭和幼儿教育的。今天我讲的主题是"为人父母"。我问："如果你决定成为一名家长——也就是说，如果这不是突然发生在你身上或让你感到惊讶的——你的第一个选择或决定可能是什么？"一个有着顺滑的棕色头发、眼睛清澈明亮的年轻女性举起手说："谁会成为我的伴侣？"

学生们都坐直了身子。我接着说："当你选择一个人做育儿的'搭档'时，你希望他具备什么特点？"很多学生都把手举了起来。这些年轻的女性现在变得精神起来，有些人甚至迫不及待地想要分享自己的想法：

长得好看。有钱。有同情心。慷慨。会与我组成一个团队，和我一起工作。聪明。有幽默感。负责。可信赖。与我有相似的价值观、理念和信念。爱孩子，爱所有的孩子。自然。浪漫。

学生们的想法引出了很多要讨论的内容。例如：大家说的"长得好看"指的是什么？接着我和学生们开启了对话。大家都同意"长得好看"的意思是：个子高、皮肤黝黑且相貌英俊。如果想找一个高大、黝黑且英俊的男人，那么我推荐她们去看电影《傲慢与偏见》(Pride and Prejudice)。一想到凯拉·奈特莉（Keira Knightley），我就兴奋起来。"那两个演员太帅气了，我都不知道该选谁了！"我作沉思状地说着。学生们的笑声和愉悦的情绪随之而来。于是，我把我很想知道的一个问题抛给学生："长得好看与为人父母有什么关系？"下课的时间到了。我们下周再继续讨论这个问题。我还是想和学生们讨论一下将来为人父母的期望、希望、梦想以及所面临的挑战。文化的力量影响我们的性别认同、支持系统、产前护理、分娩、产后调整——以及成为父母需要面对的所有复杂问题——许多人在做父母时也可能会感到内疚。我们会有时间来完成所有这些讨论吗？这学期的时间都到哪里去了？当我把笔记本电脑和书装进包里时，教室里充满了活力。学生们从教室里走出去，大声地聊着或笑着。她们在离开时对我喊道："下周见！"

当我走到车前，秋天的寒意轻轻拂过我的脸。空气是清新的。我记得35年前自己坐在耶路撒冷的大卫耶林教育学院的课堂上。那是以色列最古老的教师教育学院之一。普宁娜·埃兹拉（Pnina Ezra）是我的导师，她的年龄比我大得多。我那时22岁。我想她当时的年龄可能跟我现在差不多吧。意识到这一点，我暗自发笑。普宁娜教我穿一件舒适的大罩衫，上面有大口袋，用来装纸巾和其他幼儿教师必需的"东西"。她解释说,这样当孩子们来拥抱我时,我不必拨开他们脏兮兮的或涂着颜料的小手。我的衣服会被大罩衫安全地保护起来,这样我可以随时把孩子们抱在怀里,贴近我的心。普宁娜能够与孩子共情。她教授的课程是教育学,是关于爱和接纳的教育学。22岁时,我坐在她的课堂上,她告诉我,为人父母最重要的一步是选择自己的伴侣。当时,我被她的话惊呆了——我受到了震撼。在那段时间,我在生活中摸索前行,与各种各样的人相爱又分手。我从来没有想象过或考虑过,他们当中会有一个人是我孩子的父亲。说实话,普宁娜的话让我从不同的角度进行思考,更仔细地考虑谁更适合做我未来孩子的父亲。

我的注意力回到了当下。我爬进车里,静静地坐了一会儿。我想知道:"我的学生在35年后能否记得我们今天讨论的事情?"当我发动汽车时,我对自己笑了。当老师真好。我期待着下周能见到我的学生。

斯瓦米·基·西瓦林加(Swami Ji Sivalingam)是我多年前的瑜伽老师。当我在练习瑜伽体式的时候,他会说:"太高兴了,太快乐了。这就是瑜伽。"然后,在他设法说服我保持一个难做的姿势时,他会尖声喊道:"保持微笑!"这会让我发自内心地大笑,我感受到扭曲整个身体的快乐。

西瓦林加曾告诉我,在他每次教瑜伽之前,他都会感谢过去的导师和教练。我不时回想起那些曾是我的老师的人,我默默地感谢他们对我的影响。毕竟，所有我们在人生道路上遇到的人（无论是有意的还是偶然的），都会感动、影响我们。我尤其记得那些对我友善、支持我、在我的受教育过程中鼓励我的人，他们在儿童的人际关系方面做的努力激励了我。

虽然我对小学和高中老师的记忆不多，但我的高中英语老师特雷吉哥（Tregidgo）先生给我留下了深刻印象。我对他上课的内容没有记得多少，只记得他教我们永远不要用"我"（"I"）来开始一个句子。但是，我记得的是他对学生们的问候。每当他在罗德西亚（现津巴布韦）学校的走廊里碰到我时，他都会向我挥手和微笑，然后用犹太语说"您好"。特雷吉哥先生不是犹太人，但我是。事实上，我是班上唯一的犹太女孩。每次他以那种方式和我打招呼，我都觉得自己被接纳，感觉自己很重要，很有价值。他的问候是有针对性的、个性化的。就是这样，在40多年后的今天，我仍然因为他对我的问候而记得他。

在大约 5 年前的一次全国会议上，我第一次听到布鲁斯·佩里（Bruce Perry）的演讲。这是一场改变我人生的演讲。他的每一句话都让我产生了共鸣，让我联想到自己当幼儿教师的经历。会上关于大脑发育的讨论非常令人兴奋，因为佩里谈到了情绪记忆模板在关系中的重要性。在他的演讲过程中，我拥有了很多"啊哈"[①]时刻，再次明晰了我在与幼儿以及他们的家人和老师一

---

① 英文为 Aha，指的是啊哈，即顿悟。——译者注

起工作时所思考、感受和经历的一切。这也有助于解释我在多年来的心理治疗中对自我的认知。至今我已经听过佩里的演讲四五次了，每次都有同样的感受。他激励我继续自己的工作，并扩展了我对自己的情绪发展的认识。毫无疑问，正是像他这样的人在提醒我，让我意识到自己的工作有多么重要。佩里说，所有的经历都与关系有关。

我必须承认，我很可能不仅是一位教师，还是别人的导师。生命的轨迹不断向前延伸，我意识到并开始思考，我自己或我的生活经历中有哪些方面可以作为别人寻找人生道路的"榜样"。我们永远无法真正知道自己的哪些行为或说的哪些话影响了别人。每个人的需求都与其在不同的时间、地点的经历有关。但是，即使在非常有限的情况下，我们也可以慷慨地、公开地向别人分享自己的经历，分享最脆弱的自我，并呈现最真实、最诚实的自己。

感谢我的儿子吉拉德·巴坎（Gilad Barkan），他勇于将自己的感受告诉我。感谢我的丈夫汤姆·雅各布森（Tom Jacobson），他有勇气听我讲自己的感受。能在生命中遇到这两位优秀的男人，我真的很幸运。感谢红叶出版社（Redleaf Press），感谢琳达·海因（Linda Hein）和戴维·希思（David Heath）对本书的支持。我的梦想变成了现实，因为30多年来我一直在关注情绪的发展，而且10年前我就想写这样的一本书。特别感谢我的编辑迪妮·凯尔斯（Deanne Kells）。她完全明白我想要表达什么，并引导我（用她的话来说）"让这本书闪耀出它所有的光辉。尽管每个人的道路不同，但我们可以让读者有一种'追随塔马的脚步'的感觉"。

目　录

引　言 ·· 001

第一章　为儿童创设积极的情绪环境 ·· 015

第二章　了解自己的情绪和感受 ··· 037

第三章　理解发怒的力量 ··· 057

第四章　面对自己的无力感 ·· 073

第五章　说出自己的童年创伤 ··· 089

第六章　可以管教，但不能惩罚 ·· 121

第七章　改变自己的情绪脚本 ··· 159

附　录 ·· 181

引　言

> 这是我直到现在才想到的教学的一个方面——教师给予幼儿的情绪力量。
>
> ——科琳（Colleen，本科生）
>
> 通常，儿童的照护者得到的信息是，生活中有可以感受的"正确的"情绪；我们必须控制或调节情绪。诸如"过分依恋""太关爱""不要太介入"等语言都表明，有些情绪是对的，有些是不对的。但是，一旦我们关心一个人，担心他，我们的心就会被卷入。我们无法衡量这种关怀和担忧是正确的还是不正确的。
>
> ——伊妮德·埃利奥特（Enid Elliott）

我们会永远保持早期的情绪记忆

一天早上，在一次全国会议结束后，我和一位幼儿教师共同乘坐一辆出租车去机场。我们讨论了我下一本书要写什么。我告诉她，我想写的主题是教师的情绪如何影响他们与幼儿的互动，尤其是如何影响教师回应那些他们所认为的幼儿挑战性行为。她沉默了一会儿，然后若有所思地说："我经常认为，那些与幼儿一起工作的人，当他们还是孩子时，就在情绪上受到了伤害。所以他们才选择了幼儿教师这一职业。"我思考着她的话，意识到自己通过多年当幼儿教师和大学教授的经历，通过观察和与儿童及其家人的互动，确实学到了很多，也逐渐理解了自己的童年经历和内在的自我。

在探索自己内心世界的过程中，我开始学习关注思维模式或感受模式，以及思维和感受何时发生、如何发生，这样就有可能更好地了解自己。例如，我意识到我会在自信和失去自信之间摇摆不定。了解自己的自信状态就能生成一个很好的"晴雨表"。它能帮助我知道如何接受挑战，或者如何度过困难的一天。

了解自己肯定会提升生活质量，丰富生活，但这并不是我进行自我探索的唯一原因。在我 20 多岁的时候，我意识到自己与孩子之间的互动可能会影响他们未来的生活。那时，我为了上儿童心理学课，正在读海姆·吉诺特（Haim Ginott，1969）的书——《父母与孩子：解决老问题的新方法》（*Between Parent and Child: New Solutions to Old Problems*）。正是在那个时候，我了解到取笑孩子有多么不好。我意识到当自己还是个孩子的时候，被人取笑总是让我感到很受伤。

儿童虽然很顽皮，但这并不意味着他们不认真。事实上，通过游戏，他们认真地对待生活中的重要他人对他们说过的话。毕竟，儿童在情感上和身体上都要依靠成人才能生存。当我们取笑他们或者用讽刺来表达幽默时，他们通常会认为我们说的话是真的。儿童的幽默感还没有发展到成人的水平，也并非像成人那样成熟。尊重孩子是重要的，不要取笑和讽刺他们。重要的是要认真地对待他们，确认并认同他们的感受。儿童需要得到我们的重视，就像他们需要空气来呼吸一样。为了取悦我们，儿童可能会让我们相信他理解了我们的幽默。但事实上，我们的幽默常常让儿童感到困惑，有时还会伤害他们。

当我还是个孩子的时候，我的继父、妈妈和哥哥会取笑我以及我的想法，甚至取笑对我很重要的人（包括没有和我住在一起的亲生父亲），我学会了和他们一起笑。这似乎是我的家人表达爱的方式——取笑和讽刺，所以我也跟着笑了。我也学会相信他们所说的是真的。我深陷其中，很受伤，也很困惑。吉诺特在他的书中解释了这一现象，这本书是我在以色列准备成为一名幼儿教师时读的。我记得，当我读到他的话时，我如释重负地哭了。我觉得自己得到了认可。更重要的是，我意识到，自己因被取笑而感到受伤和困惑并不是不正常的，它促使我迫切地渴望真诚、真实和认真的爱。回想起来，我意识到，在小的时候，我生活中的重要他人与我的互动影响了我很长一段时间。我很惊讶。这是一个启示！这深深地触动了我：无论我对孩子做什么，对他们说什么，都会对他们产生深远的影响。作为成人，我的责任重大。

追溯到 1970 年，为了理解我的所作所为的原因，我开始探索自己的内心世界。这样当我和年幼的孩子们互动时，我才能做最真实的自己。探索自我的旅程永远都不会结束。它有时令人痛苦，有时又令人振奋，发人深省。探索自我有时会让我感到不舒服，偶尔也会让我的家人和一些朋友感到不舒服。但是，理解我如何成为现在的我，并不是某种自我放纵、自我陶醉或自我中心。这是我作为一名教师的责任。

自我意识能帮助我避免做出不恰当的行为和反应。例如，我很容易取笑儿童，因为我小时候经常被取笑。但我仍然能够阻止自己，设身处地地为儿童着想，带着尊重与儿童清晰地沟通。这是因为我意识到，被人取笑让我感到困惑和受伤，让我变得无助。

如何处理儿童的行为问题

行为管理，包括管教，似乎是当下的一个流行话题。更重要的是，教师和保育员渴望了解这方面的知识。在最近一次对实习教师的调查中，我所在大学的教师教育部门想知道如何增加实习教师的教学经验，所有的实习教师都回答说他们需要知道更多的行为管理策略。事实上，我的一位同事说过："所有策略都是有关行为管理的。"在开会和在职培训时，在有关管教的工作坊和报告中，我还没来得及介绍完基本内容，幼儿教师就开始询问解决方法和答案。他们想要解决行为问题的策略和"处方"。他们想要我告诉他们，当一个孩子咬人、打人、拒绝整理东西、顶嘴、发脾气，或不遵守指示时，他们该怎么做。许多人对幼儿这些具有挑战性的行为很无助，感到很受挫。

通常，我在研讨会或报告开始时，会让参与者或学生描述一下他们小时候是如何受到管教的。我们把惩罚的清单写在黑板上或挂在图纸上。我发现大多数参与者在小时候都感受过某种痛苦或屈辱。父母责骂他们、扇他们耳光、掐他们、怒斥或威胁他们——这些还是比较温和的惩罚！许多参与者都对这种经历表示不满。

我不禁想知道，这些早年的记忆会如何影响这些成人对幼儿的管教。在最近一次对幼儿教师的在职培训中，我们深入而诚恳地讨论了管教方式及其如何影响教师在教室里的行为。我看着教师和保育员暴露出他们内心深处的恐惧和焦虑，有些人因意识到这些情绪影响了他们的课堂管理策略而哭泣。更重要的是，他们有时对孩子的看法是错误的。这个讨论是非常深刻的，我被教师们的勇气鼓舞。像许多教师一样，我想给孩子们我从未拥有过的东西。对另一些人来说，他们对童年被管教的记忆是满意的，以至于他们想要重新回忆自己的经历。显然，我们自己在童年时期的情绪发展，或者我们被指导、被惩罚的方式，会影响我们现在对待那些挑战我们的孩子的方式。

在《幼儿的情绪发展：构建以情绪为中心的课程》（*The Emotional Development of Young Children: Building an Emotion-Centered Curriculum*）一书中，玛丽卢·希森（Marilou Hyson）描

述了忽视幼儿情绪的危害。在综述了有关幼儿情绪的研究之后，她总结了几点，比如：情绪"从婴儿期贯穿一生"，引导和驱动我们的行为；所有的情绪，无论是消极的还是积极的，都对发展很重要。希森接着说：

这些研究传递的一个潜在信息是，情绪发展太重要了，不能置之不理。成人，包括幼儿教师，可以对其做出改变，支持幼儿情绪的积极发展，警惕可能的问题，并及早有效地进行干预。（Hyson, 2004, pp.9–10）

自从我开始担任幼儿教师，我就一直思考教师在支持幼儿积极情绪发展方面的作用。我想知道：如果教师不了解自己的情绪发展，那么我们怎样才能有效地发挥作用？因为我们对幼儿情绪的干预对支持他们获得积极的自我认同是至关重要的。最近，我的一名本科生在一篇文章中写到，她是如何被那些和她一样自卑的幼儿吸引的：

我上小学的时候……总是觉得自己不够好，没有一点自信。我是带着这样的感受长大的，所以当我找到那些像我一样自卑的人时，我发誓要确保把他们放在我的羽翼之下，告诉他们没有什么可怕的，他们能做很多事情。因为我对自己的能力仍有许多怀疑和保留，所以我可以探测到和我有同样感受的人。

如果我们不知道是什么让自己害怕、担忧或者焦虑,不知道自己情绪的局限性,我们或许并不会按照自己预期的那样去给予他人支持。事实上,我们可能会在无意中让一名幼儿感到羞愧,就像我们小时候感受到的那样。因此,我想强调行为管理的另一个方面。这是教师在情绪化情境中采取适当干预的另一个重要方面——反思让我们成年人情绪波动的因素。

反思性实践

全美幼教协会(National Association for the Education of Young Children,NAEYC)期待幼儿教师能进行反思性实践(NAEYC,1993)。教师需要培养反思性思维,如拥有开放的思想、全心全意并能承担后果。这是反思性实践能够提升课堂实践水平的证据。许多关于反思性实践的研究着眼于教师评估情境并能从经验中寻求解释的能力。教师们反思自己是如何感受的,以及为什么会有这样的感受,就能更好地理解自己与他人的互动。自我觉察在教师的教学实践和个人生活中具有重要的作用。教师已经可以掌控自己的决定,但如果没有亲身的积极参与、自主和反思,他们很难在课堂实践中做出改变(Jacobson,2003)。

有关情绪健康发展的重要性的研究,证实了我对自身情绪发展的探索。它帮助我理解自己如何以及为什么会在人际关系中不断挣扎。无论是职业的还是个人的人际关系，这种挣扎已经持续差不多58年了。而这些研究结果，特别有助于我理解和改善与幼儿、家长及其他教师之间的关系。在本书中，我会分享一些关于自我发现的内容，希望这些内容能鼓励你开始自我探索。我们对自己了解得越多，就越能够清楚地理解自己为什么要这么做（尤其是当面对孩子们的挑战性行为时）。本书不会提供管理儿童行为的最佳"处方"。但是，我会讨论对我有效、或许对你也适用的干预措施。最重要的是，我建议你找到适合自己的策略。这取决于你在小时候是如何接受管教的，你的理念是什么，什么样的行为让你不舒服以及你为什么不舒服。但对我有效的方法不一定对你也有效，因为我们的生活方式、童年记忆、生活中的重要他人与我们互动的方式以及解决问题的技巧，可能是完全不同的。

本书概览

在本书中，我会先讨论关于儿童情绪发展的一些研究（第一章）。有关大脑的研究表明，在婴儿出生后的四五年里，大脑中储存的情绪记忆是不可抹去的。我们与幼儿互动的方式影响他们未来的情绪发展，以及他们如何获得自我认同。研究文献告诉我们，有意义的、有爱的关系在幼儿的情绪发展中至关重要。

通过审视自己，了解我们的感受以及为什么这样感受是本书第二章的主题。在这一章中，我将讨论不同类型的感受如何影响教师与幼儿在情绪化情境中的互动。在第三章中，我更具体地探讨了与发怒相关的感受，因为发怒会给许多人带来某种不适感。在2006年春季，我做了一项关于发怒的调查。校园儿童中心的教师们报告了自己的发怒经历，这些感受让他们很困惑，有一种对失去控制的恐惧。在调查美国、丹麦和日本儿童看护机构中幼儿被责骂的情况时，西斯高（Sigsgaard）针对成人为什么会责骂幼儿写了一篇文章，其中的一个原因仅仅是成人自己在小时候被打过屁股或挨过骂（Sigsgaard，2005）。我给职前教师和在职教师培训的经验告诉我，多年后，当成人回忆自己小时候被责骂的事件时，他们仍然感到怨恨或愤怒。

除了感受到愤怒等强烈情绪外，当我们感到强大时，我们与他人的互动也会受到影响。因此，在第四章"面对自己的无力感"中，我将基于我的第一本书——《直面我们的不适：为童年早期的反偏见扫清道路》（*Confronting Our Discomfort: Clearing the Way for Anti-Bias in Early Childhood*，2003）中的第四章"自信与不自信"展开讨论。教室管理、管教和我们如何看待自己的控制方式，与不同的权力问题有关。例如：我们的职业权力结构如何影响我们的自我认同？我们是如何选择幼儿教师这个职业的？更简单地说，当我们自己感到不强大或不自信时，我们如何赋予幼儿力量？例如，当我们不自信的时候，让幼儿说出自己的想法或为自己发声可能会让我们感觉不合适，甚至害怕。

在面对一些令人不舒服的情绪，以及讨论一些不恰当的干预之后，在第五章中我转向回答为什么要做我们应做的事情，因为我们或多或少都会有童年创伤。这一章将引导我们进行自我反思。通过一种自我人种志（internal ethnography）的方法，对我们自己开展质性研究，我称之为"研究自我"，审视自己的情绪历史。在研究自我的过程中，我们会意识到自己为什么会在幼儿有某些情绪状态时感到不舒服。我们也会明白，小时候接受的管教如何影响我们与幼儿互动以及对幼儿挑战性行为的干预。

当我们在情绪化情境中反复测试自己的反应时，我们也会更加深入地了解自己。一旦建立了自我认知的基础，在面对、理解和接受自己情绪的道路上，我们就能更好地思考管教策略及其在课堂上的实际应用。在第六章中，我讨论了设定界限的问题，包括如何应对孩子发脾气，以及如何满足我们的期望，为自己和幼儿创造安全的情绪环境。我也会阐述管教和惩罚的区别。通过不运用羞辱、惩罚或责骂的策略，我们（包括孩子和成人）学会接受所有情绪的积极和消极方面。

在最后一章"改变自己的情绪脚本"中，我阐述的是如何讲述我们的情绪历史。希森告诉我们，幼儿的情绪发展太重要了，不能置之不理（Hyson，2004）。但那些期望引导和支持幼儿发展积极的情绪认同、培养幼儿成为有社会能力的公民的教师应该怎么做？佩里强调，我们可以选择培养善良的孩子，从他们很小的时候就开始，给予他们强烈的、重复的、积极的情绪记忆（Perry，2007）。如果我们在成长过程中从未被善良地对待过，

引言

我们怎能做到这一点呢？因此，教师的情绪发展也很重要，不能置之不理。事实上，在20世纪50年代末和60年代，教师教育研究者曾建议：

- 教师培训应该包括促进教师发展情绪意识的内容；
- 人的情绪素养是教学的核心；
- 教师的行为本身就是其情绪自我认同的产物。（Jacobson，2003）

我们需要勇气来面对自己的情绪。同时，我们也应该意识到，自己小时候被对待的方式会影响我们如何看待幼儿的挑战性行为。在很多情况下，并不是某个幼儿有行为问题。事实上，这往往与我们如何感知这些行为有关，与我们记忆中小时候被对待的方式有关，或者与我们看过的同伴出现类似问题是被如何管教的有关。事实上，这一切都是关于我们与他人之间的关系的问题。

这本书是写给你的，是写给所有关心和教育儿童的成人的。无论你是准备成为一名幼儿教师，是一名新手教师，还是一名经验丰富的教师，又或者是一名教师培训人员，这本书都能够帮助你发现自己的感受，在试图管理幼儿的行为时思考有效的策略。这本书是成人进行自我反思的指南，而不是另一套关于"正确方法"的指导，也不是旨在解决儿童行为问题的外部策略或技术。

许多年前，一个朋友送给我一张海报，上面写着吉诺特说过的话。我之前提到过这位儿童心理学家，他在20世纪70年代早期对我产生了影响。写有吉诺特的话的海报现在还挂在我的办公室里。当我与幼儿及其家长和教师一起工作时,这些话陪伴着我。我把这些话分享给我认识的每个人。现在,我也分享给你们。

我得出了一个可怕的结论:我是教室里的决定性因素。我个人的态度和方法决定了教室里的氛围。我每天的心情决定了"天气状况"。作为一名教师,我拥有巨大的力量,可以让孩子们的生活变得痛苦或愉快。我可能是折磨孩子的人,也可能是激励孩子的人。我可以羞辱孩子,也可以逗乐孩子;我可以伤害孩子,也可以治愈孩子。在这些情况下,让危机升级还是降级,人性化还是非人性化地对待孩子,都取决于我的反应。(Ginott, 1972)

幼儿教师是我所知道的最有影响力的职业。它伴随着一种令人敬畏的责任:我们应该为幼儿提供不同的选择、解决问题的新方法、善良与同情的榜样,以及能够发展和强化牢固的、积极的情绪自我认同的关系。有很多次,我在愤怒、困惑或者沮丧、放弃挣扎的幼儿的眼睛里看到了自己,意识到了这些感受,或者记起了藏在我心灵深处的焦虑。难道我们忘却了自己曾经也是孩子?

参考文献

Elliot, E. 2007. *We're not robots: The voices of day care providers.*

New York: State University of New York Press.

Ginott, H. G. 1969. *Between parent and child: New solutions to old problems.* New York: Macmillan.

Ginott, H. G. 1972. *Teacher & child: A book for parents and teachers.* New York: Macmillan.

Hyson, M. 2004. *The emotional development of young children: Building an emotion-centered curriculum.* 2nd ed. New York: Teachers College Press.

Jacobson, T. 2003. *Confronting our discomfort: Clearing the way for anti-bias in early childhood.* Portsmouth, N.H.: Heinemann.

National Association for the Education of Young Children (NAEYC). 1993. A conceptual framework for early childhood professional development: A position statement of the National Association for the Education of Young Children. *Young Children* 49 (3): 68–77.

Perry, B. D. 2007. *Early childhood and brain development: How experience shapes child, community and culture.* DVD. ChildTrauma Academy.

Sigsgaard, E. 2005. *Scolding: Why it hurts more than it helps.* Trans. D. H. Silver. New York: Teachers College Press.

第一章　为儿童创设积极的情绪环境

> 我们的大脑渴望人际关系。我们的孩子渴望人际关系。但在我们的整个文化中却缺乏接触，缺乏关系。
>
> ——布鲁斯·佩里（Bruce Perry）

在过去的 3 年里，我一直在写博客。大约在 1 年前，我收到了我博客的一位读者的电子邮件，这位读者在邮件中写道：

我是一个 2 岁男孩的家长，我喜欢您写的所有书、文章和发表的演讲——关注所有您曾经说过的关于儿童早期教育的话题……以基本的善意为出发点来看待幼儿的行为是很少见的。我称之为"我站在你这一边"，有时也可以说"即使我现在不能理解你，我也不会停止去理解你"。

在下班的路上，我想到了这封电子邮件。我突然意识到，当我还是个孩子的时候，父母把我裹在襁褓里的养育方式一点也不令我感到亲切。事实上，我不记得自己曾体会过这位读者所描述的"我站在你这一边"的那种感觉。我的父亲不和我住在一起，但我每两个星期去看他一次。在我 5 岁的时候，他已经 60 多岁了。他更像一个祖父而不是以父亲的形象出现在我的生活中。我的父亲是一个温和的、说话轻声细语的人，他对我取得的成绩很高兴，也很关注我的智力发展。例如，当我进入高中时，他送给我一本《卡塞尔法英－英法简明词典》(Cassell's Compact French-English English-French Dictionary)，我一直保存至今。我的哥哥姐姐不常在我的身边。我的大姐在我六七岁的时候就离开了家，二姐大部分时间都在寄宿学校，一有机会就去欧洲。在我 12 岁时，我的哥哥离开罗德西亚去英国上大学。当我们从机场回来时，我的母亲把哥哥的一张照片作为一件特别的礼物送给了我。哥哥深受母亲的认可和尊重，他是家里非常重要的人——一个值得关注和倾听的人。

我不得不说，我从我的家庭成员——我的母亲、继父和哥哥那里体验到养育模式的重要性。他们的风格很相似。他们使用批评、讽刺、取笑、骂人、威胁、排斥和贴标签的方式来对待我。他们嘲笑我正在形成的理念、想法和情绪，嘲笑我正在做的事情和我的长相。在我的成长过程中，继父和哥哥是我生命中最重要的两个男人，我最渴望从他们那里得到认可。然而，具有讽刺意味的是，他们一直在讽刺和取笑我。

当我思考这封来自博客读者的邮件时，我想：我究竟是如何学会以基本的善意为出发点以及持有"我站在你这一边"的态度来与幼儿互动的？我当然不会在自己的身上练习。直到今天，我还挣扎在痛苦和自责之中——对自己所做的一切、所感受的一切、所取得的成就，当然还有自己的外表。当我回头看的时候，当我想到自己可能会像继父或者哥哥那样对待他人，包括对待自己的儿子时，我就不寒而栗。但是，我内心深处的某个地方告诉我，最基本的善意无疑是我们对待儿童的出发点。这种善意从何而来？我不得不认为我是凭直觉一次次地从陌生人身上学到了这种东西。陌生人总是对我很友好。我的玩伴的母亲、学校里的教师、我出生的医院里的医护人员、青年领袖、治疗师以及朋友们都对我很好。这样的例子数不胜数，这些人的品质都是一样的：他们能够倾听、接受和认可我的情绪体验，舍得在我的身上花时间，用具体的方式向我表达爱意或把爱传递给我。他们相信我，允许我表达悲伤和愤怒，允许我做自己并为我感到高兴。

许多人即使在小时候被虐待过，也会选择复制父母的养育模式，而有些人则决定不这样做。我遇到的陌生人都会满怀希望，充满善意，友好地和我交往。我选择用这些善意来引领自己，这是疗愈我在家里形成的自我概念的一剂"良药"。我不知道为什么，也不知道我是怎么做到的。这是我发展出来的还是遗传下来的一种复原力？当我在脑海里回复那封邮件时，我说："是的，'我站在你这一边'对于帮助幼儿发展情绪记忆至关重要。这些情绪记忆会培养善良和仁爱的人，并增强他们的自信心。我从灵魂深处知道这一点。如果那些陌生人没有向我伸出手，没有向我展示他们的精神、微笑和生活呢？我会感到很孤独，很失落，感觉被抛弃。谁知道我最后会怎么样呢？"

我从这位博客读者的电子邮件中再一次感受到陌生人的善意，她分享了她对我工作的支持。当我写这本书的时候，她的这些分享有助于我思考、组织和聚焦书中的内容，特别是有关成人对孩子表达感受时的情绪反应的内容。这让我想起了自己和幼儿教师一起做的工作，我试图让他们相信，基本的善良和"我站在你这一边"的取向在儿童情绪发展中扮演重要的角色。

> 儿童情绪的健康发展是非常重要的。

有关情绪发展我们应知道什么

许多幼儿教师和养育者可能都会同意我的观点，我们从来不需要研究来告诉我们，儿童的社会－情绪发展会影响他们的学业成功和情绪能力。任何早期教育专业人士都知道，自我感觉良好的孩子比那些烦恼、焦虑、愤怒、疲惫或悲伤的孩子更容易专注于认知任务。在游戏中能够合作、妥协和与人相处的孩子比看起来孤独、被排斥或不受欢迎的孩子更快乐。从关于大脑发育的研究文献来看，我们多年来的直觉感受现在已经得到了科学研究的支持，并且得到了强化和肯定。研究人员、教育工作者、心理学家、社会工作者以及幼儿教育领域以外的人都在提供证据，支持教师在教室里与幼儿建立良好的关系。

"事实上，我们正处于一个时刻，在这个时刻，不同的学科正在汇聚，从而建构对情绪生活的新理解。"（Gerhardt，2004，p.1）在《为什么爱很重要：情绪如何影响婴儿的大脑》（*Why Love Matters: How Affection Shapes a Baby's Brain*）一书中，休·格哈特（Sue Gerhardt）描述了照护者和幼儿之间建立高质量关系的重要性。格哈特让我们意识到，成人与孩子互动的方式将塑造孩子的生活。根据罗宾·卡尔－莫尔斯和梅雷迪思·威利（Robin Karr-Morse & Meredith Wiley）的观点，越来越多的研究表明，如果孩子在出生后的前两年受到虐待，那么他们长大后更有可能成为有暴力倾向的人。这两位研究者警告我们："婴儿期和学步儿期是非常复杂的时期，在这个时期，为了达到成人所期待的成果，儿童的潜力可能会被最大化，或者被削弱，甚至是消失。"（Karr-Morse & Wiley，1997，p.15）

希森表明，过去20年的研究应该有足够有力的证据来帮助我们认识到儿童情绪发展的重要性，以及成人在"支持情绪能力"中的作用。希森总结了这些研究中的四个要点。

- 从婴儿期开始直至整个人生，情绪是行为和学习的主要引导力和驱动力。
- 积极和消极的情绪——高兴、感兴趣、惊讶，以及悲伤、愤怒和恐惧——在幼儿的发展中扮演着重要的角色。
- 幼儿表达、理解和调节情绪的能力遵循典型的发展过程或路径。
- 生理和环境因素都会影响这一发展过程——气质、文化、与成人和同伴的关系，以及许多其他因素在整个童年期及以后均发挥着作用。（Hyson，2004，p.9）

这些研究足以让我们认识到儿童情绪发展的重要性，以及我们在支持他们的社会-情绪发展时所扮演的角色。我们现在知道，消极和积极的情绪都在幼儿的情绪发展中扮演着重要的角色。从孩子出生的那一天起，我们就需要有意识地引导和激励他们的行为与学习。儿童正在发育的大脑中的情绪记忆不仅会受到基因或气质等生物学因素的影响，还会受到他们所处环境中的经历的影响，涉及文化及其与重要成人的关系。

人类的大脑在生命早期是最容易受影响的。事实上，在生命最开始的几年里，大脑功能的基础结构的85%就得到了发展（Perry，2007）。以此为基础，善良、同情心和同理心得以发展。从出生开始，我们的大脑就在等待最初的经验，这些经验将帮助大脑发展组织功能，并表现出潜力。即使是儿童有能力学习语言或者有能力翻身、坐起来，再从爬到站起来，他们的大脑组织也是经验和关系的结果。我们学习语言、走动——最重要的是，我们在关系中解释整个世界。根据大脑发育领域的一位权威专家的说法，积极、和谐、回应性和关爱的经历影响着大脑某些区域的连接强度和密度。而这些大脑区域将会为儿童今后生活中的关系提供主要的支持（Perry，2007）。没有这些类型的经验，我们会在处理关系方面遇到困难。根据佩里的说法，我们的大脑功能反映了人类的经验。例如，种族主义、厌女症和年龄歧视都是人类"发明"的，而不是由基因决定的。这些态度来自我们的经验。

温暖和支持性的师生关系有助于儿童获得更高水平的社会和情感能力，对学校环境有更强的接受能力，有更好的推理能力，也会使儿童在校期间取得更高的成就。有证据表明，这些重要的关系可以减少压力对发育中的大脑的不利影响。（Koplow，2007，p.xvi）

为儿童创设积极的情绪环境是我们的责任。关于情绪发展的文献一再明确指出，我们作为父母、教师以及儿童生活中的重要他人的角色、与儿童的互动及关系，会引领和促进他们获得社会－情绪技能。事实上，教师应该引导、示范和教授儿童如何管理情绪。根据所有关于大脑发育和情绪发展的文献，以及不同领域的专业人士的观点，我清楚地认识到，我们所做的事情很重要（Jacobson，2006）。我知道这一点，因为研究人员和教育工作者表明，早期的环境和经验对儿童的大脑发育具有持久的影响。我也知道这一点，因为我明白，即使在58岁的时候，我个人和职业生活的方方面面仍然受到我自己童年经历的影响。因此，我越了解自己的情绪,就越能有效地帮助孩子管理自己的情绪。

教师的情绪生活是如何被忽视的

巧合的是,在我准备这一章内容的时候,《师范学院记录》(Teachers College Record)期刊邀请我评阅一本新书——《面无笑容:幼儿园如何能治愈儿童》(Unsmiling Faces: How Preschools Can Heal)。这是一本由莱斯莉·科普洛(Lesley Koplow)主编的文集,是一本很好的策略书,我在本章最后的"参考文献"中会提到这本书。这是一本重要的书,因为它不仅描述了儿童的发展情况,以及儿童在早期如何受人际关系的影响,还具体地谈到幼儿园是可以治愈受创伤或虐待儿童的环境。这本书讨论了教师需要了解的关于幼儿社会-情绪发展的重要问题,并为幼儿面对严重的情感伤害时教师应该做什么提出了建议。事实上,它为教师提供了其急需的、关于如何管理幼儿情绪和挑战性行为的建议。但是,这本书遗漏了一个重要的部分:对我来说,如果书中有一章专门讲述教师对特殊需要幼儿的情绪支持,那么这本书就会更加完整。

虽然这本书是专门针对那些受创伤的孩子写的,但是这本书绝对适合在任何学前教育环境中与正常儿童一起工作的教师。幼儿园的教室应该是让每个人都感到安全的情绪避风港。对此,薇薇安·嘉辛·佩利(Vivian Gussin Paley)在这本书的推荐序中问道："哪个幼儿园里没有偶尔感到悲伤、愤怒和无助的人？"（Koplow，2007，p.vii）佩利继续说道：

我们大多数人都在相对稳定的环境中教学，抵制某种治疗的介入可能是我们工作的一部分，即使我们会鼓励很多家长带孩子去见治疗师。面对幼儿做出的令人担忧和不可预测的行为，我们告诉自己"普通的教室并不是一个治疗社区"。然后，当我们试图创造一个充满关爱的教室环境时，我们开始关注幼儿的困惑、沮丧和其他未实现的发展。（Koplow，2007，p.vii）

《面无笑容：幼儿园如何能治愈儿童》一书的作者详细描述了如何为年幼的、受创伤的儿童（包括那些无家可归和受虐待的儿童）创造一个安全的情绪避风港，以及教师如何与家长和工作人员合作。这本书对儿童自我概念的发展的介绍是全面和翔实的，甚至包括对游戏的重要性、创设适宜的物理治疗环境，以及游戏疗法等治疗技术的讨论。科普洛提醒我们："如果我们把童年仅仅看作是无忧无虑、快乐的时光，那么我们可能就会否认每天早上进入教室的许多高危儿童的经历和真实情绪。"（Koplow，2007，p.17）这句话是该书中的一章的引言，该章的标题是"如果你感到悲伤，你自己也知道"（If You're Sad and You Know It）。这与我们熟知的传统儿歌——《如果你感到快乐，你自己也知道》（If You're Happy and You Know It）截然相反。科普洛暗示，我们所有试图"逗乐"孩子的行为可能表明，我们自己在接受、肯定、容忍幼儿的一系列情绪问题（包括那些对痛苦和困扰的情绪的表达）时存在困难（Koplow，2007，pp.17-18）。在我看来，这可能是整本书中最重要的陈述之一。

《面无笑容：幼儿园如何能治愈儿童》一书的第二部分的第一章主要探讨了教师的角色。这一章的内容不仅对特殊教育教师具有重要意义，对一般的教师也很重要。在这一章中，朱迪丝·费伯（Judith Ferber）讨论了教师在疗愈型幼儿园教室里的作用，包括组织物理环境、制定时间表和常规，以及设置规则，甚至是选择适宜的课程类型等。换句话说，在幼儿园里，教师扮演着不同的角色，如教育者、照护者和规则设置者。费伯谈到了师幼关系的重要性，将其描述为"关键"和"中介"（Koplow，2007，p.55）。她接着说："显然，师幼关系对于需要帮助的孩子（我说的是任何一个孩子）是至关重要的，影响其认知和情绪方面的发展。"（Koplow，2007，p.56）

"如果你感到悲伤，你自己也知道"一章中的这些见解让我产生了疑问：为什么我们缺乏对教师情绪的讨论？例如，许多专业咨询师都会寻求某种类型的治疗型督导（therapeutic supervision），以便他们的感受、信念、情绪反应和主观性不会干扰对来访者的治疗。如果我们要组织和创建能够治愈创伤的幼儿园（无论是针对创伤儿童还是普通儿童），在"认可、肯定和包容幼儿身上的一系列情绪问题，包括那些对痛苦和困扰的情绪的表达"

时，我们要做什么才能帮助教师反思他们的感受？（Koplow，2007，pp.17-18）

科普洛指出："教师和幼儿之间的互动必须是开放式的、自发的、真诚的，这样才能促进幼儿的情绪发展。"（Koplow，2007，p.24）我十分赞同这个观点。然而，在这本关于为幼儿创造情绪避风港的书中，却没有太多为幼儿教师提供情绪支持的讨论。科普洛接着说，成人可以在情绪上帮助幼儿，"允许幼儿感受和表达难过、恐惧、愤怒、担心和孤独，以及快乐、喜悦、兴奋、热情和其他积极的情绪"（Koplow，2007，p.25）。我不禁想知道：那些照护和教育幼儿的成人如何理解自己的这些情绪？更重要的是，作为从事教师教育的教师，我们能做什么来帮助幼儿教师更好地意识到自己的感受，让他们与幼儿的互动更加开放、自发和真诚？确实，对于教师自我反省的这一方面，我已经思考一段时间了。在我的前一本书《直面我们的不适：为童年早期的反偏见扫清道路》中，我多次谈到我们的偏见与幼儿的关系，就像我讨论为什么这种性质的反思性实践对教师很重要一样：

在教师的继续教育和发展过程中，当面对不舒服的感觉时，他们在情绪或身体上都是没有安全的栖居地的……在这种情况下，教师不可能把幼儿转介给他们的同事（如咨询师）或者寻求咨询督导。教师只能以这样或那样的方式继续下去。因此，幼儿就成为我们有害的、无意识行为的接受者。（Jacobson，2003，p.19）

幼儿教室应该被打造成最安全的情绪避风港。对我来说，一个相关的问题是：我们应该如何支持教师和幼儿一起进行这项非常重要的工作？

另一本关于社会-情绪发展的书建议教师应该有"健康成熟的人格"来支持幼儿的情绪发展（Gartrell，2004）。南希·韦伯（Nancy Weber）撰写了这本书中教授幼儿社会-情绪技能的部分。她接着说：

教师进入幼儿教育行业时，如果自己的基本需求没有得到满足，或感到压抑、负担沉重，那么他们可能会在不经意间从幼儿身上汲取过多的东西来满足自己的基本需求。这种对自己的执着关切妨碍了教师对幼儿的理解，因此他们无法根据这种理解来采取行动。（Weber，2004，p.4）

我认为，对于想要获得资源以向幼儿教授社会-情绪技能的教师来说，这样的说法会令其困窘。教师肯定会很茫然，不知如何把这种深刻而复杂的情绪不安全因素考虑进去。我们如何界定一个人拥有健康成熟的人格？要多久才能变成健康和成熟的呢？我经常质疑自己的成熟，虽然我已经58岁了！作者打算如何支持她所描述的"感到压抑、负担沉重"或"基本需求没有得到满足"的教师？这些对教师个性的明显缺陷的泛泛而谈，忽略了一名教师在成为最好的教师的道路上的努力。如果一个人有这些不受欢迎的人性弱点，那么除了离开这个行业，别无他法。

行动起来

为自己读一些书

在过去 10 年左右的时间里，我一直在收集关于管理幼儿情绪及提供相应指导策略的书籍。读者如果感兴趣，请参阅本章末尾"推荐阅读"部分的内容。有些书是关于如何对待男孩的，还有一些书是针对特殊需要幼儿的。有些书描述了高质量关系的重要性——影响儿童大脑中最早的情绪记忆，以及提升日后的学业成就。许多书都详细地描述了解决儿童不同行为问题的精准策略。"推荐阅读"中有许多有教育意义和叙述翔实的书籍，可以为幼儿教师提供在教室里使用的、有价值的、积极的和恰当的方法。当你浏览本章末尾的一些参考文献时，你肯定会找到适合你的理念或者管教策略。通过阅读接下来的章节，你将意识到，你选择的策略取决于自己的童年经历、信念、价值观和教育理念。

大多数图书和文章都介绍了一些解决问题的步骤，这些步骤将有助于解决成人与幼儿之间可能存在的问题。例如，丹·加特雷尔（Dan Gartrell）使用了他称为"五指公式"的步骤，即每个手指代表着指定的步骤（Gartrell，2004，p.82）。大拇指代表"冷静"；食指代表"识别问题"；中指代表"头脑风暴解决方案"等。在前一个章节中，加特雷尔提出了六种"指导实践"的方法，包括通过"使用发展适宜性的和文化敏感性的教学实践"来减少幼儿对错误行为的需要，创建"积极的师生关系"，举行课堂会议，"对预期行为进行积极陈述"以及与家长建立伙伴关系等（Gartrell，2004，pp.31-32）。

在《社会与情绪发展》（Social and Emotional Development）一书中，戴夫·赖利（Dave Riley）和他的同事为成人与婴幼儿互动提供了七个实用的建议，这些建议都将研究与实践联系起来，帮助教师和家长了解儿童的社会与情绪发展（Riley et al., 2008）。例如，对幼儿的痛苦信号迅速做出反应，或者允许幼儿拥有过渡性的物品（比如最喜欢的毛绒动物玩具）。作者清楚地解释了如何培养幼儿的冲动控制能力：

不要说"不要跑"，试着说"用脚走路"。不要说"别打"，试着说"轻轻触摸"。你可以更进一步，一边说话，一边示范动作。不要说"不要拉小猫的尾巴"，试着说"像这样抚摩小猫"……监控你自己说"不要"的频率，并迫使自己用积极的措辞重新表述对幼儿的指示。（Riley et al., 2008, p.72）

在我读过的一本书中，有六件事是教师可以做的。这六件事可以改变教师对待幼儿的方法。作者描述了如何使用身体语言（如微笑、触摸或拥抱），如何专心倾听，问什么样的问题，以及如何"从积极的角度重构（儿童的）陈述"（Kaiser & Rasminsky，1999，p.21）。在另一本书中，作者给出了更详细的建议和预防儿童挑战性行为（特别是儿童在社会交往中的行为）的"处方"（Kaiser & Rasminsky，2003）。

莉莲·卡茨和戴安娜·麦克莱伦（Lilian Katz & Diane McClellan）在《培养儿童的社会能力：教师的角色》（*Fostering Children's Social Competence: The Teacher's Role*）一书中描述了教师的重要性。她们写道："教师可以在支持儿童的社会发展方面发挥重要作用……对幼儿进行个性化指导是与幼儿互动的有效途径……对个体的关注和互动增加了幼儿倾听教师建议并对其做出回应的能力。"（Katz & McClellan，1997，pp.19-20）在越来越多的研究的支持下，她们认为，如果教师不帮助幼儿发展社会能力，那么这些幼儿很可能无法胜任学业，甚至会辍学，或出现心理健康问题。在整本书中，作者给教师提了许多建议来帮助幼儿发展和学习社会能力。这些建议包括：表达对幼儿感受的尊重、建立权威和信任感、包容个体差异、鼓励控制冲动，以及遵守基本规则等（Katz & McClellan，1997，pp.66-72）。

除了我上面讨论过的书，我推荐大家看看本章末尾的参考文献。参考文献中有许多关于行为管理和发展有效的社会-情绪技能的优秀图书和文章。这些图书和文章为教师提供了有益的建议和策略。在后一章中，我将讨论一项关于教师与发怒的调查。这项调查显示，教师确实能从工作坊、培训和相关图书中受益。至少他们能够逐字逐句地描述自己应该做些什么来帮助有挑战性行为的幼儿。虽然我还没有看完所有关于这个主题的文献资料，但我所关注的大多数图书和文章都给出了有趣且有用的提示、方法、步骤、指导方针和建议，描述了如何预防和管理孩子的挑战性行为。我还没有找到一本书或一篇文章能够专门帮助那些关心和教育幼儿的成人，帮助他们了解自己的感受或情绪发展与这些行为之间的关系。我也没有找到一种资源，可以说明教师的情绪如何影响他们与幼儿及其家长的互动。

结　　论

早在1954年，也就是在关于大脑发育的研究兴起的40多年前，一些进行教师教育的学者就开始关注如何让教师通过自我反思来了解自己。美国哥伦比亚大学教育学院的教育学教授阿瑟·T. 杰西尔德（Arthur T. Jersild）在《通过直面自己来理解他人》（Understanding Others through Facing Ourselves）一文中指出："认识自我需要一种不同的方式，比通常的学术课程需要或鼓励更多的个人参与。"（Jersild，1954）根据杰西尔德的说法，为了获得自我认识——"一个人必须有勇气去寻找它，并谦卑地接受自己可能发现的东西"。

师幼关系可能会对幼儿如何看待自己产生重大影响。教师与幼儿相处可能有助于教师了解自己，因为教师的行为和作用在很大程度上是他本人的一种投射。

为了深入了解幼儿的努力以及他们正在面对的问题，教师必须努力在自己的生活中面对同样的问题。这些问题从本质上看，在很大程度上是情绪问题。努力了解自己和他人具有深刻的情绪意义。这样对教师的要求就不仅仅是具有聪明才智和学术能力了。(Jersild, 1954, p.411)

当然，我们不能认为教师只是在教数学、读写或社会研究等学科的内容，而不必每时每刻、日复一日地处理幼儿紧张的、情绪化的状况。如果我们认同幼儿的情绪表达和他们的行为会不断地挑战成人，那么我们在道德和伦理上肯定有责任支持教师进行自我反省，从而有助于教师意识到自己的情绪。这是我们作为高质量幼儿养育和教育的倡导者不能逃避的责任。

参考文献

Gartrell, D. 2004. *The power of guidance: Teaching social-emotional skills in early childhood classrooms*. Clifton Park, N.Y.: Delmar Learning.

Gerhardt, S. 2004. *Why love matters: How affection shapes a baby's brain*. Hove, East Sussex: Brunner-Routledge.

Hammer, M. D. 2002. Beginnings workshop: "I'm bery, bery cwoss!" Understanding children's anger. *Child Care Information Exchange* (July): 38–41.

Howes, C., and S. Ritchie. 2002. *A matter of trust: Connecting teachers and learners in the early childhood classroom.* New York: Teachers College Press.

Hyson, M. 2002. Professional development: Emotional development and school readiness. *Young Children* 57 (6): 76–78.

———. 2004. *The emotional development of young children: Building an emotion-centered curriculum.* New York: Teachers College Press.

Jacobson, T. 2003. *Confronting our discomfort: Clearing the way for anti-bias in early childhood.* Portsmouth, N.H.: Heineman.

———. 2006. Resiliency in children: What we do matters. In *Child development: A beginnings workshop book*, ed. Bonnie Neugebauer. Redmond, Wash.: Exchange Press.

———. 2007. Book Review: *Unsmiling faces: Preschools that heal*, ed. Leslie Koplow, Teachers College Press. *Teachers College Record*, August 31.

Jersild, A. T. 1954. Understanding others through facing ourselves. *Childhood Education* (May): 411–414.

Kaiser, B., and J. S. Rasminsky. 1999. *Meeting the challenge: Effective strategies for challenging behaviours in early childhood environments*. Ottawa: Canadian Child Care Federation.

———. 2003. *Challenging behavior in young children: Understanding, preventing, and responding effectively*. Upper Saddle River, N.J.: Allyn and Bacon.

Karr-Morse, R., and M. S. Wiley. 1997. *Ghosts from the nursery: Tracing the roots of violence*. New York: Atlantic Monthly Press.

Katz, L. G., and D. E. McClellan. 1997. *Fostering children's social competence: The teacher's role*. Washington, D.C.: National Association for the Education of Young Children.

Koplow, L., ed. 2007. *Unsmiling faces: How preschools can heal*. New York: Teachers College Press.

Perry, B. D. 2007. *Early childhood and brain development: How experience shapes child, community and culture*. DVD. ChildTrauma Academy.

Perry, B. D., and M. Szalavitz. 2006. *The boy who was raised as a dog and other stories from a child psychiatrist's notebook: What traumatized children can teach us about loss, love, and healing*. New York: Basic Books.

Riley, D., R. R. San Juan, J. Klinkner, and A. Ramminger. 2008. *Social and emotional Development: Connecting science and practice in early childhood settings*. St. Paul: Redleaf Press.

推荐阅读

Ahn, H. J. 2005. Child care teachers' strategies in children's socialization of emotion. *Early Childhood Development and Care* 175 (1): 49–61.

Baker, A. C., and L. A. Manfredi-Petitt. 2004. *Relationships, the heart of quality care: Creating community among adults in early care settings.* Washington, D.C.: National Association for the Education of Young Children.

Bronson, M. B. 2000. Recognizing and supporting the development of self-regulation in young children. *Young Children* 55 (2): 32–37.

Flicker, E. S., and J. A. Hoffman. 2002. Developmental discipline in the early childhood classroom. *Young Children* 57 (4): 82–89.

Katz, L. 1993. *Distinctions between self-esteem and narcissism: Implications for practice.* Urbana, Ill.: ERIC Clearinghouse on Early Education and Parenting.

Kontos, S., and A. Wilcox-Herzog. 1997. Research in review: Teachers' interactions with children: Why are they so important? *Young Children* 52 (2): 4–12.

———. 2002. Teacher preparation and teacher-child interaction in preschools. *ERIC Digest* (October): EDO-PS-02-11.

Lake, V. E. 2003. Practice in teaching should be practice in caring: Fidelity in teacher education. *Journal of Early Childhood Teacher Education* 24 (1): 73–81.

Lally, J. R. 1998. Beginnings workshop: Brain research, infant learning, and child care curriculum. *Child Care Information Exchange* (May): 46–48.

Marion, M. 1997a. Helping young children deal with anger. *ERIC Digest* (December): EDO-PS-97-24.

———. 1997b. Research in review: Guiding young children's understanding and management of anger. *Young Children* 57 (7): 62–67.

Moss, W. L. 2004. *Children don't come with an instruction manual: A teacher's guide to problems that affect learners.* New York: Teachers College Press.

Perry, B. D. 1997. Incubated in terror: Neurodevelopmental factors in the "cycle of violence." In *Children in a violent society*, ed. J. D. Osofsky. New York: Guilford Press.

Perry, B. D. 2007. *Early childhood and brain development: How experience shapes child, community, and culture.* DVD. ChildTrauma Academy.

Reinsberg, J. 1999. Understanding young children's behavior. *Young Children* 54 (4): 54–57.

Riley, D., R. R. San Juan, J. Klinkner, and A. Ramminger. 2008. *Social and emotional development: Connecting science and practice in early childhood settings*. St. Paul: Redleaf Press.

Rogovin, P. 2004. *Why can't you behave? The teacher's guide to creative classroom management, K–3*. Portsmouth, N.H.: Heinemann.

Stephens, K. 1996. Responding professionally and compassionately to challenging behavior. *Child Care Information Exchange* (September): 44–48.

Teicher, M. H. 2002. Scars that won't heal: The neurobiology of child abuse. *Scientific American* 286 (3): 68–75.

Vance, E., and P. J. Weaver. 2002. *Class meetings: Young children solving problems together*. Washington, D.C.: National Association for the Education of Young Children.

Wittmer, D. S., and A. S. Honig. 1994. Encouraging positive social development in young children. *Young Children* 49 (5): 4–12.

Your child: Birth to three. 2000. *Newsweek* special 2000 edition (fall and winter).

Zins, J. E. 2004. *Building academic success on social and emotional learning: What does the research say?* New York: Teachers College Press.

第二章　了解自己的情绪和感受

情绪是难解的、主观的、个人的、共通的，同时是根植于社会生活的，具有历史性和文化性。情绪又是不可避免的，它与我们的所说、所想、所写、所知、所记住的以及想记住的和希望忘记的一切都交织在一起。情绪驱动行动、言语、判断和决策。情绪在一定程度上促成了我们对他人和物品的依恋。情绪对教师来说是很重要的。因为教室里充满了活力（关乎身体、心灵和自我），学习是令人快乐的、兴奋的、害怕的、有风险的、充满激情的、枯燥的，以及令人失望的和愤怒的。情绪深深地印刻在教学的情境中，而这一点常常被大家遗忘。

——劳拉·R. 米奇凯（Laura R. Micciche）

承认我们自己具有不确定性，并与之共处一段时间，这是一种勇气。

——哈丽雅特·勒纳（Harriet Lerner）

接受问责是一种勇气。我们真正地为自己不光彩的行

> 为承担责任,即使这样做会挑战我们所喜爱的自我形象。
>
> ——哈丽雅特·勒纳(Harriet Lerner)

最不可思议的课堂

几年前,在费城附近的一所大学里,在学期末的最后一堂课上,一名本科生在做报告。当她说话时,她咳嗽了起来。由于尴尬和咳嗽带来的不适,她的脸变得通红——尤其是在她想要压住咳嗽的时候。我从我的水瓶里给她倒了点水,让她喝了一口。她喝了水后,继续做报告。然而,不管怎样压着,她都一直咳嗽得停不下来。

最后,我打断了那个学生,给全班同学讲了我所知道的一些知识。很多年前,我住在以色列。我修过一门生物能量学(bio-energetics)的课程。我说,我没有时间告诉他们所有的细节,只能分享我们可以对储存在身体不同能量点上的情绪做些什么,并学习如何通过特定的身体锻炼释放能量。我解释了我的老师拉菲·罗森(Rafi Rozen)曾经告诉我的内容。比如,如果我们开始咳嗽,我们就应该不停地咳嗽,直到不再咳嗽为止。就是把它释放出来!我说话时每个人都在听我说话,那个学生在继续咳嗽。

当我说完后,班上的一名女学生对那名做报告的学生喊道:

第二章　了解自己的情绪和感受

"你想让我们和你一起咳嗽吗？"我很惊讶，环顾了一下在座的学生，想看看是谁说的。他们都目不转睛地盯着做报告的那个学生，似乎没有注意到我在教室里四处张望。为了不错过这一宝贵时刻，我赶紧说："让我们一起咳嗽吧。"我们都开始咳嗽。那个做报告的学生一边咳嗽，一边微笑。她惊呼道："这是我上过的最奇怪的课。"她的脸颊红扑扑的，咳嗽声渐渐微弱。她转过身来对我说："我是说这是最好的课。但这太奇怪了。"我笑了笑，低下了头。我也觉得很奇怪。我以前从来没有这样做过，至少没有和成人一起做过这样的事。

我记得在多年前，那是我在以色列当老师的时候，因为班上的一个幼儿，我在上课中途停了下来。就在我读故事读到一半时，一个小女孩从椅子上站起来，开始莫名其妙地尖叫。她有时会这样做，而且似乎每次都是在上课时出现这种情况。我们试过各种各样的方式让她安静下来。助理一般会把她带出房间，让她冷静下来。我们甚至问了她的父母，想了解更多的信息。她的父母告诉我们，他们在家里没发现她有这样的表现。在这个特殊的日子里，我不知道如何处理这种情况，也没有更多的时间考虑。我（用希伯来语）对全班孩子说："哇！看起来卡伦只是需要尖叫。我们一起坐着听她尖叫吧。"于是，我和孩子们都静静地坐着，而卡伦则站着继续撕心裂肺地叫着。其中一个孩子用手捂住耳朵，皱起眉头。另一个孩子说："我们给她拿点水喝吧。"又有一个孩子说："她需要纸巾。"我鼓励刚才说话的两个孩子去拿一杯水和一些纸巾。过了一会儿,他们回来了。卡伦停止了尖叫。她盯着那两个拿着东西的孩子。她擤了擤鼻子,喝了点水,坐回到了椅子上。教室里安静了一会儿。我没有再说什么,继续给孩子们读故事。

在多年前,当我读故事的时候,给一个有困难的4岁孩子提供支持,在当时并不显得"奇怪"。故事是可以等一会儿再给孩子们读的。这个4岁孩子尖叫的真正原因并不重要。更重要的似乎是,我们的小集体应该倾听她的声音,和她在一起,无论她出于什么原因尖叫。回想起来,当我还是个孩子的时候,当我哭泣或分享自己的痛苦时,身边的人都在倾听我,并且不害怕我,这可能影响了我。这些记忆对我来说依然很清晰,它们是关于善良和同情的记忆。它们指导我度过了我不知道该如何处理的一个个情绪化的时刻,指导我更好地应对孩子们具有挑战性的行为。

我从回想自己当老师时的情景中回过神来。我想知道:为什么我采取同样的方式来对待成人学习者,大家会感到很奇怪?几分钟后,那个做报告的本科生说:"好的,我现在感觉好多了。"她不再咳嗽了,并且完成了自己的报告。每个人都给她鼓掌。在那一刻,我在房间里感觉到一种群体的能量,一群人一起冥想时产生的那种感觉。

> 我们的情绪发展影响我们如何与孩子相处。

面对我们的情绪

当孩子们对自己无法控制或解释的感受感到困惑和害怕时，他们可以向我们表达自己的感受。事实上，他们的一些反应是强烈的、非常吵的。当面对孩子的情绪时，我们的反应一次又一次地受到"考验"。有时我们不知道该做什么，就像我教的4岁小女孩卡伦，我在上课读故事时，她会尖叫。我们常常会回忆起自己小时候被人对待的方式，这些过去的经历可能会干扰我们的判断，即使我们对儿童发展适宜性教育非常了解。在处理幼儿的情绪问题时，我们太情绪化了！

我们都在努力成为自己能成为的最好的老师。每个人对"好老师"的定义都不一样。在学生开始教学实习前，我让他们回答一个问题：对你来说，成为最好的老师意味着什么？他们的回答各不相同：

接纳并帮助孩子在学业上取得成功；

理解每个人都是不同的，不要强迫孩子改变自己；

成为关心、理解孩子以及值得孩子信赖的人；

成为孩子学习的榜样，成为知识和信息的提供者；

成为一个有效的沟通者，并理解人有不同的学习方式；

能激励学生学习，同时对学生保持敏感；

创造一个信任、温馨和充满智慧的环境，让孩子们对学习不那么忧虑；

尊重、善良、公平以及体贴；

能够公开地讨论生活中遇到的问题。

初入职场的新教师对职业充满了激情和憧憬。许多人都谈到，要为了学生，将教室打造成安全的情绪避风港。

从我成为一名教师开始，我就一直想给儿童提供一个安全的情绪环境。在这样的环境里，儿童会被无条件地接受，他们的感受将得到认可，所有人都将得到支持，成为最好的自己。因为我有很多自我反省的机会，我知道我现在想给儿童那些我从未拥有过的东西。事实上，我越是努力为儿童提供情感上的安全感，我就越了解自己的童年，越了解自己在成长过程中缺少什么、什么让我感到安慰、什么伤害了我。事实上，和幼儿一起工作对我来说常常是一个自我疗愈的过程。我能够知道为什么我会有这种感觉，以及我该如何处理与这些情绪相关的事情。面对这些情绪，有时我并不好受，因为它们往往让我感到不舒服和不安。放学后，我会安静地坐着，写下或思考白天让我特别困扰的孩子的事情。

即使我们的意图很好——为成为最好的老师而满怀热情地努力，也经常需要面对自己的情绪所带来的不适。当我们不断地面对孩子的情绪波动时，一些人可能感到精疲力竭，并发现自己不知道该如何帮助他们。

第二章　了解自己的情绪和感受

　　大多数时候，我们甚至都没有意识到，自己的情绪阻碍了我们解决年幼孩子的情绪问题。面对情绪不是一件容易的事。有些人不允许自己意识到自己的情绪。例如，我花了很多年才发现，当我害怕、羞愧、愤怒、困惑或担心时，我在说话的同时往往会咯咯地笑。换句话说，我的傻笑有时是一个警告信号。它提醒我，我正在变得不舒服。但这会令其他人感到很困惑。他们不确定是否要特别关注我。我可能会说"我不喜欢你这样或那样做"，但同时我在传递一个复杂的信息，因为我微笑着，并且在说话时有点不自在地轻声笑着。当试图为幼儿设定一个清晰的、一致的界限时，教师所传递的信息如果是混乱的，对幼儿就不太会有帮助。

　　几年前，我为幼儿教师建立了一个支持监督小组，帮助他们改变有偏见的态度。在其中的一个环节中，一位幼儿园教师跟大家分享了她班上的一个男孩是如何调皮捣蛋的（Jacobson，2003）。简而言之，她不喜欢他，也不知道如何面对他的愤怒和暴脾气。她说她有时甚至都不愿看他一眼。在接下来的几个星期里，我们进一步探讨了她对那个孩子的感受。当她揭开自己早年的个人记忆时，她意识到这个男孩让她想起了过去自己和恋人的一段艰难关系。几个星期过去了，她说她在男孩发怒时所感到的不适已经减轻了，因为她能够与自己的感受建立联结。在最后一次小组讨论中，她兴奋地透露说，男孩在听说她原本打算转到另一个班级时感到很失望。

还记得我因为他做的事情而气愤吗？通过在支持监督小组中的努力，我能够以一种不同的方式与他相处……我说，当他发现我不再当他的老师时，他上蹿下跳地说："不，你不能走！不，你不能走！"我看着他问："这是你的真实想法吗？"我简直不敢相信。很明显，我取得了一些进展。因为我觉得在之前他绝不会这么做。（Jacobson，2003，p.101）

愤怒只是我们和幼儿相处时需要面对的众多感受之一。当幼儿探索自己的世界，观察生活中的重要成人，并学习成为一个文化和社会中的公民，以及学习什么是可以接受的、什么是成人所期望的时候，他们被情绪包裹着。爱、喜悦、失望、嫉妒、羞耻、内疚、狂喜、渴望、恐惧——这些都是我们需要学习去感受、表达或以某种方式压抑的情绪的一小部分。人类学习处理情绪的方式是复杂且多样的（从我们的原生家庭开始，扩展到整个大社会）。

我的公公曾经听著名的广播节目主持人加里森·凯勒（Garrison Keillor）提到，斯堪的纳维亚人对情绪表达的强度持有怀疑态度。他特别喜欢这个说法，尽管他意识到这是一种泛化的表达和刻板印象。因为他自己有挪威人的血统，从小就被教导在恐惧、愤怒甚至是激动或狂喜时都要保持冷静。事实上，他被大人教导要压抑自己的情绪表达。我们被教导的情绪表达方式往往会受到文化、社会规范或习俗的影响，而不仅仅是受到爱我们和关心我们的家庭成员的影响。

把个人生活与工作分开

我一直对告诉我把个人生活与工作分开的老师印象深刻。换句话说，无论在家里有什么烦心或者让自己焦虑的事情，都要把它们放在一边，只专注于教室里的幼儿。我必须承认，我能够做到这件事。事实上，有时忘却那些令人不安的想法，只专注于手头的工作是有帮助的，甚至是让人舒服的。当实习教师与他们合作的导师有矛盾时，尤其是妨碍了他们面向幼儿有效地开展工作时，他们会向我寻求建议。有时我们能够很快地解决问题。而在其他时候，虽然这种关系并不有利于最佳学习实践，但他们仍要和合作的导师一起工作。当发生这种情况时，我就告诉学生们："把自己的注意力都放在孩子身上。"我的意思是，我希望学生们专注于了解孩子——了解他们的需求、他们的学习方式，以及如何与他们相处——而不是让个人或职业问题成为障碍。

这种职业专注对我们与儿童的相处至关重要。重要的是，在课堂上大大小小的互动中，教师都需要在场并为那些有需要的儿童提供帮助。虽然我们自认为很专注，但是情绪阴影总会在最意想不到的时候来打扰我们。我们并不是总能够明确自己当下的感受，或者知道为什么我们突然会感到不舒服。我们不由自主地脱口而出的一句话可能就蕴含着情绪,然后我们惊奇地发现,自己说话的腔调跟母亲、父亲、祖母或表姐一模一样。情绪问题也可能会表现为出汗、走路不稳、胃部不适或头痛。例如,我的一个学生最近向全班同学描述说,当她的一个朋友打开她的宿舍门,走进她的宿舍时,她发现自己变得焦虑,感到喉咙发紧。她回忆说,小的时候她的妈妈经常走进她的房间,对她大喊大叫,叫她的名字,吓唬她。所以,虽然现在她已经是一个成年人了,但每当有人进入她的房间时,她仍会感到焦虑。

这些类型的焦虑可能会无意识地影响我们的行为。如果我们不花时间去了解童年早期的经历如何影响我们的反应,那么我们就很难把个人生活与工作分开。

对一次生气发火的记录

一天早上,我给自己做了一杯很好喝的水果奶昔。我用苹果、橘子、香蕉、梨、蓝莓、松子、树莓、枣、葡萄和半杯豆奶、半杯鲜榨橙汁,混合成了一种美味的奶昔。通常,喝一杯这样的水果奶昔,我就饱了。但是,那天喝完奶昔半小时后,我饿了!我在厨房里走来走去,边走边念叨:"食物、食物、食物。"我低声说:"我需要早饭。"我的丈夫提议做煎蛋卷、火鸡香肠、吐司和番茄。"好!"我说。我一边舔着嘴唇,一边开始流口水。他把所有的食材都拿出来,开始准备早餐。当锅、盘子和叉子叮当作响时，我走进客厅。我站在窗前，望着费尔蒙特公园，欣赏着盛开的连翘和发芽的树木。我喃喃自语："也许这能平息我的愤怒。"我吃惊地转过身，就好像我听到了一声巨响。"我是说我饿了，而不是生气！"我大声地说着。我的丈夫正在做菜，他疑惑地抬起头，不太明白发生了什么——确切地说他不知道我的脑子里到底在想什么。我意识到我的饥饿感与生气有关。我当时并没有意识到任何愤怒，但是这句话平稳、清晰而肯定地从我的嘴里说了出来。

确实，那个星期我一直感到很生气。在那个星期里，发生了几件事（就是生活中发生的那些事情）。每当我离开一个让我有点依恋的地方，我总是感到很生气。对我来说，分离很不容易，表明立场也让我很不舒服。那时候，这两种情绪我都有。在我注意到自己感到不舒服和焦虑之前的一个星期里，我给学生们上了课。我的语气很尖锐，我对学生们的评价也很刻薄，带有讽刺的意味。在课程进行到一半时，我问学生们是否注意到我发火了。一些学生点了点头，另一些学生肯定地说："是的！"就在我感到非常困惑的时候，我分享了自己的反思过程，试图解释发生在我身上的事情："我想，因为我上个星期都不在学校，我感觉好像失去了你们。我觉得有必要让你们都回归我的庇护。而且，离开大学对我也有影响。因为这一切，我觉得我很生气。如果我今天说了什么，伤害到了你们中的任何一个人，我真的很抱歉。"然后我深深地叹了口气，教室里的紧张气氛缓和了下来。一些学

生笑了,把身体调整到了更舒服的姿势。第二天,我收到了一个学生的电子邮件:

我真的很欣赏您的坦诚,以及愿意把自己脆弱的一面呈现出来……当您上周承认您很生气的时候……并为我们示范该如何发现为什么自己会生气——真是太棒了。这教会了我很多东西,我想有时人们会认为自己是唯一能感受到某些事情的人。您展示给我们所有人的是,您是人,您有感情,您感到愤怒、受伤等。我觉得我们需要有更多坦诚的教授和老师。

这是一个多么好的教育契机啊!谁能想到呢?我当然没有计划过要讲授这个内容。这是一个自发的、无意识的时刻起了作用。我突然意识到,在那个星期里,我有意识地思考了很多让我生气的事情,它们都是无意识地生发出来的。这并非巧合,因为在此之前的 6 周里,我一直在进行一项关于教师与发怒的调查——为了撰写一本书(可能就是本书中的一章)。在调查中,我探究教师的情绪如何影响他们与幼儿的互动,尤其是当幼儿表现出挑战性行为时。

当我思考、谈论或撰写关于教师情绪的文章时,发怒就变成了一个非常重要的话题,值得我单独用一章来讨论。愤怒是我们都会经历的一种复杂的、必要的情绪,但很少有人能接受愤怒的感觉。我们大多数人都害怕或讨厌它,不知道该做什么,甚至否认或忽视它。有些人说自己根本没有这种情绪。我认识的很多女性生气时会头痛或哭泣。在我看来,当儿童生气时,我们会感到无助、脆弱、害怕、不舒服以及失控。儿童的愤怒立刻成为我们需要平息、压制、转移、拒绝、惩罚或摆脱的东西。我们很少会保持安静,很少会帮助儿童探索和处理这些混乱、复杂的感觉。我们都迫切地要找到有效地表达愤怒的方法,来表明我们是谁,我们相信什么。如果成人不能帮助幼儿做这件事,谁还能帮助他们呢?所以在这里,我要说的是,我的个人感受影响着我的职业生涯。我越探究发怒和教学之间的关系,就越能意识到自己的愤怒。它就在那里,在我与儿童互动时"盯"着我。

行动起来

请记录你对下面问题的回答:
- 过多的热情或喜悦的表达会让你感到不知所措或不安吗?
- 当儿童大声欢呼或兴高采烈地追逐打闹时,你是否发现自己往往想让他们平静下来?
- 你喜欢孩子跳到你身边拥抱你或爬到你身上吗?你发现自己缩回了身体,因为你的个人物理空间害怕被他人入侵吗?

思考你对吵闹的反应
有一次,我的一个同事很紧急地给我打电话,叫我去研究生院的一个小实验室,在单向玻璃后面观察教师和幼儿的互动。新来的一位男教师在和一群幼儿玩追逐打闹游戏,她对此很担心。我站在单向玻璃后面,看着男教师和孩子们玩耍,孩子们高兴地尖叫着。我的耳边突然响起我妈妈的话:"小心——最后你总是会哭的!"我和我的同事分享了我的反思,讨论了为什么我们看到这样的场景会感到不舒服。教师以这种方式和孩子玩耍真的不合适吗?真的是危险的吗?还是说,我们是因为自己从小就被教导要避免亢奋的行为,所以才感到不舒服?最后,我们得出的结论是,是我们自己的不舒服妨碍了我们理解孩子对追逐打闹游戏的需求。

你对儿童的吵闹有什么看法?几年前,当我还是全美幼教协会认证系统的一名认证官时,发展适宜性教育项目的标准之一就是教师的声音不应该占主导地位,要能观察到幼儿沉浸在交谈和互动中。事实上,在我的教室里,幼儿的声音总是比教师的声音响亮得多,因为他们在学习中心里一起玩耍,一起工作。最近,我受当地学区负责人的邀请,参观了几所小学。当我们在第一所学校里漫步时,我注意到学校里很安静——事实上,安静到让我感到焦虑。我问校长:"为什么孩子们这么安静?你对他们做了什么?"大家都笑了。校长解释说,孩子们都在教室里忙着上课、学习。当我们进入第二所学校时,我立刻听到了孩子们的声音。教室的门都是开着的,家长们正在参观,学生们在去卫生间的路上,还有一些学生正准备去体育馆,为即将到来的节日音乐会练习唱歌。听到孩子们的声音，我很高兴。督学助理平静地说："在这里我们能听到孩子们的声音。我觉得你喜欢这样。"我冲她笑了笑，然后肯定地点了点头。"我喜欢孩子们的声音。"我回答说。有些校长允许孩子吵闹，而有些校长则喜欢孩子非常安静。

当我还是一个大型的儿童照护中心的主任时，有一次有一位新来的幼儿教师跟我抱怨。她对我们允许年龄大一点的婴儿在吃午饭时尖叫感到震惊。我解释说，那是这个年龄的孩子试验声音、学习说话以及表达自己的方式。她说，孩子们吃饭时必须保持安静，如果我们不改变这一政策，她就辞职。毋庸讳言，我很遗憾地接受了她的辞呈。

思考羞耻和恐惧

像羞耻或恐惧这样的强烈感受，会以不同的方式来影响我们。勒纳将恐惧、焦虑和羞耻称为"三大"情绪（Lerner，2004）。没有人能对这些情绪免疫。特别是当我们面对困难或不幸时，这些情绪就会出现。我们中的许多人无论情绪好坏都会选择继续教学，当我们与孩子或学生互动时，我们会时不时地陷入一种情绪或几种情绪之中。虽然恐惧是一种情绪（有时是必要的），能够警告我们有危险，但勒纳建议，我们可以考虑对它进行不同的解读，解读哪些恐惧传递出更多无意识的信息。

我们感到焦虑是因为我们正在大胆地开拓新的领域，还是因为我们要去做一些愚蠢的事情？有时我们感到一阵恐惧……因为我们的潜意识在警告我们，我们真的偏离了轨道……也许我们不应该急于从事某一份工作、进行一次谈话、旅行、结婚或离婚。在这些情况下，"恐惧"能成为一个明智的保护者，一个我们需要尊敬和尊重的人。然而，如果恐惧总是一个合理的警告信号，我们可能永远都不会去看医生，对某件事有热情时就大声说话，或者结束一段没有出路的关系。有些时候，我们需要克服恐惧，遵循自己的内心去采取行动。（Lerner，2004，p.5）

勒纳认为，羞耻通常隐藏在恐惧之下，我们很少去谈论它。事实上，我们甚至可以对自己隐瞒羞耻。我们为自己的羞耻而感到羞耻！这是一种社会情绪，因为我们通常在别人面前感到羞耻。这是我们认为自己有缺陷的部分，不应该被别人看到的部分，无论是身体上的某些东西（比如我们身体的一部分），还是我们心理上特别脆弱或特别强大的部分……

抑或是……想要耀眼夺目并成为关注焦点的部分，占据"太多"空间却还是不够的部分。羞耻感驱动了对不够好的恐惧……你可以学着对你真实的一切感到羞耻——你的体形、口音、财务状况、皱纹、身高、疾病、不孕以及生活方式。（Lerner，2004，p.118）

重要的是要指出，内疚的感觉类似于羞耻。它陪伴并指导我们与孩子、学生及其家庭的互动。然而，羞耻与自我感觉有关，内疚通常与我们的行为、信念或价值观有关。勒纳对这两者进行了区分："内疚与行动（doing）有关，而羞耻则与人（being）有关。"（Lerner，2004，p.121）我是这样来认识这二者的不同的：如果我照护孩子的行为不当，我会为此感到内疚（这是一种健康的情绪），下次我能够选择不同的行为方式来对待孩子；如果我感到羞耻，我很容易变得软弱、无法行动，因为我只觉得自己是个很糟糕的人。

在我成为幼儿教师的第一年，当一个孩子做出一些被称为"乱发脾气"的行为时，我会变得很警觉，很害怕。孩子的身体僵硬，大声尖叫，无法被控制。有时孩子会扔东西，或者踢我，向我吐唾沫。起初我感到害怕，因为我不知道该如何回应。后来我感到羞耻，因为我感到无助，所以失败了。这就好像是孩子们和我的助手在看着我如何解决这个问题一样。我的教师形象甚至在我脑海中假想的观众面前被打破了。我的内心被看穿了！我是个冒牌货，如果我这么不称职，显然我不应该再教书了。

随着年龄的增长和经验的丰富，我越来越能够把这些令人沮丧的自我形象放在一边，直接聚焦到那些有情绪困扰或心烦意乱的孩子身上，关注那些明显需要我做的事情：让他们与周围的人保持安全的界限，理解、认可和尊重他们的感受，并提供情感支持。只要我还沉浸在自己的羞耻和恐惧之中，我就无力帮助他们。羞耻就是一种情绪，在我们明知自己该怎么做或该做什么，却仍然做得不恰当的时刻出现。

在下一章中，我将扩展对情绪的讨论，并对发怒进行更多、更深入的研究。这种情绪的处理方式并不总是对成人或儿童有益。我之所以这样说，是基于我以前作为一名幼儿教师的经验，以及作为一名教师教育研究者的经验。我参观了许多州的各种早期教育项目。我一直害怕承认和表达愤怒，认为这是一种不好的或可耻的情绪。我花了几乎一生的时间才意识到愤怒是一种有益的情绪。如果这种情绪得到承认和理解，那么它们会引导我关照自己的需求，并保护他人的权利。事实上，如果我感到恐惧或羞耻，那么我就无法理解愤怒的原因，也无法有效地表达它。因此，问题不在于愤怒本身。相反，重要的是如何有效地表达这种情绪。

结　　论

人类是复杂而有趣的，有着强烈的情绪。这些情绪既可以保护和引导我们，也可以阻碍和迷惑我们。每一个人每时每刻都体验着某种情绪。愤怒、羞耻、恐惧、内疚、快乐、悲伤、恨、爱、失望、嫉妒、后悔、尴尬、焦虑、幸福、满足、满意、得意、谦虚、骄傲……我可以一直讲下去，但仍然不能涵盖人类拥有的所有类型的情绪。也许你能想出一些我遗漏或忘记的情绪。

无论这些情绪是什么，作为幼儿教育工作者，我们都有责任识别自身的哪些情绪无意识或有意识地影响着我们与孩子及其家庭的互动。

参考文献

Jacobson, T. 2003. *Confronting our discomfort: Clearing the way for anti-bias in early childhood.* Portsmouth, N.H.: Heinemann.

Lerner, H. 2004. *The dance of fear: Rising above anxiety, fear, and shame to be your best and bravest self.* New York: HarperCollins.

Lerner, H. G. 1985. *The dance of anger: A woman's guide to changing the patterns of intimate relationships.* New York: Harper and Row.

Micciche, L. R. 2007. *Doing emotion: Rhetoric, writing, teaching.* Portsmouth, N.Y.: Boynton Cook.

第三章　理解发怒的力量

> 我特别喜欢这种方法,因为我感觉到自己对史蒂文生气了,他一直占用我这么多的时间,而这些积极的技巧帮助我掩盖了自己的负面情绪。但这并不奏效。他那极端跋扈的时刻似乎越来越多。我做错了什么?他感觉到我生气了吗?
>
> ——薇薇安·嘉辛·佩利(Vivian Gussin Paley)
>
> 要想同情有敌对情绪的孩子……教师必须要面对自己的敌对倾向,并试着接受自己生气所隐含的意义。也就是说,当生气时,他要考虑到对学生的恼怒、对自己的不耐烦、与其他教师的不和、对家长或学校主管部门以及其他生气的人的抱怨。一个人越是能面对自己生气的后果,意识到自己生气的倾向性,就越能体会到别人的愤怒中所包含的烦恼、挫折和焦虑。
>
> ——阿瑟·T. 杰西尔德(Arthur T. Jersild)

有些人可能读过勒纳的《愤怒之舞》(*The Dance of Anger*)。

最近我又读了一遍这本书,因为上次生病时,我感受到了相当多的愤怒——持续的烦躁以及对身体上的"屈服"所爆发的愤怒。这让我感到无助和疲惫,特别是我几乎把这些情绪内化成了轻度的抑郁。事实上,我的愤怒让我变得虚弱。虽然我没有表现出来,但我的内心却在沸腾。当重读勒纳的书时,我觉得自己需要把有关女性和发怒的内容再读一遍。我想到了一个句子,似乎很适合描述我当时的情况:"当我们还没有完全准备好朝某个方向行动时,好斗和指责有时既是抗议,也是保护现状的方式。"(Lerner,1985,p.33)我突然停了下来。

所有那些酝酿着的、沸腾的愤怒(内心无声的抗争,以及对我的健康和环境的指责)确实在削弱我。但它对我很有用,因为它把我压在了原地。我不仅病了,而且感到无助和沮丧。在阅读和思考自己愤怒根源的第二天,我比前两个星期的任何一天都更清醒。生病的感觉好像终于消散了,我似乎不那么害怕和无助了。这并不是什么大事,只是一个提醒。愤怒总是来来去去。有时,我会让它压制我,似乎在情绪和身体上都是如此。有时,我会把它当作有用的警告信号。

> 愤怒的复杂性意味着我们必须要仔细而彻底地解决它。

愤怒、成人与儿童

在指导幼儿的行为时，我们都体验过的最强烈的情绪之一就是愤怒，包括儿童的愤怒和我们自己的愤怒。年幼的孩子与成人不同，他们用更开放的和不稳定的方式来表达愤怒——用拳头打、用脚踢、扔东西、吐唾沫、抓、尖叫、咬人等。作为成人，我们不会为愤怒的情绪感到骄傲，也不愿意更多地谈论发怒。许多人选择用"沮丧"或"不适"等词来委婉地表达愤怒。例如，我的一个同事用"有趣"这个词来代替她所描述的任何强烈的情绪。这让我想起有些人羞于承认自己怨恨某些事或某些人。他们用"不喜欢"这个词来缓和这种情绪的强烈程度或真实性。虽然大多数职前教师照本宣科地描述了接受愤怒的方式——例如，"我们需要帮助孩子们恰当地表达他们的愤怒"或者"愤怒是一种有用的情绪，因为它告诉我们，我们的权利受到了侵犯，我们有权利保持自己的情绪"——但当表达或承认自己的愤怒时，他们也会感到恐惧或焦虑。每个学期，我都会问那些正在学习成为幼儿教师的学生：你们小时候在表达愤怒方面学到了什么？他们一遍又一遍地告诉我，愤怒是一种不好的情绪，可能是危险的，需要抑制或"摆脱"。他们在愤怒时感到极度沮丧，或者好像可能会失去控制，甚至变得疯狂。

在生活中，我们不都曾愤怒过吗？在我们的成长过程中，生活并不总是很轻松或很有趣的。当我们还是孩子的时候,大人并不总是允许我们做自己想做的事情。很多时候,我们会因为自己没有做过的事情而受到惩罚。有时,父母的决定似乎并不公平,或者我们不理解他们为什么要这样对待我们。父母的行为通常是不可预测的,或者他们会因为我们说的话而变得不高兴,但他们总是不能清楚地解释他们为什么要这么对待我们。在成长过程中,我们学会了如何"驾驭"家庭里的情绪氛围。后来,我们在进入学校和整个社会后会面临新的挑战。我们童年的大部分时间都在等待、排队、学习分享、培养交友以及与其他人相处的技能。这些并不总是很容易的,很多时候我们都会感到愤怒、沮丧、失望、嫉妒、无助或焦虑。

当儿童表达愤怒时,他们可能会警觉,甚至有点害怕。他们会觉得自己失去了控制,甚至有点像是疯了。有时他们周围的成人也会有这种感觉。事实上,一些教师告诉我,有时他们会害怕那些生气的孩子。成人试图用不同的方法来摆脱孩子的愤怒。他们很可能是在自己的成长过程中从生活中的重要他人那里学到这些方法的。他们可能会这样说:"安静。停下来。这样说话很不好。"或者,他们可能会忽视幼儿的愤怒,走到房间的另一边,假装没有看到或没听到。有时,他们可能会使用各种惩罚方式来抑制孩子的表达,比如给孩子一点时间,让孩子待在角落里,对孩子大喊或责骂,甚至打孩子或采用其他形式的体罚。

我们和孩子一样,在很小的时候就知道愤怒不是一种好的情绪。最糟糕的是，愤怒还会卷土重来。尽管我们尽力把它推开，但它仍然会回来！每当我们感到被侵犯或威胁时，愤怒就会涌上心头。事实上，愤怒是我们生存所需要的情绪之一。它有助于我们的需求得到满足。当我们遇到困难时，它会保护我们。与其忽视或试图摆脱愤怒，倒不如学着去认识它，了解为什么我们会感到愤怒，并找到让这种情绪对我们有用或有益的方法。儿童无法独自承受这一过程。他们需要生活中的重要他人来指导他们接纳愤怒，把愤怒视作人类必然体验的诸多情绪之一。愤怒是我们自身的一个部分。它既不好也不坏。学习表达愤怒的方式对于我们与他人协调关系，成为社区中有活力、负责任的公民至关重要。学会有效地表达愤怒会让所有人都有安全感。

一项有关教师与愤怒的调查

愤怒是成人要处理的最复杂的情绪之一，因为所有的内疚感和羞耻感都与之相关。因此，我做了一项调查（参见附录的问卷），进一步探究幼儿教师如何理解愤怒——他们自己的愤怒以及教室里幼儿的愤怒。在丹佛举行的全国校园儿童中心联盟会议上，这份问卷被分发给了大约300名参与者（2006年春季）。后来在新泽西州，这份问卷又被分发给了大约50名不同早期教育机构中的教师（2007年春季）。调查对象主要是幼儿教师，其中有大约25%的问卷被分发给了实习教师和一些机构管理人员。

之所以这样抽样，是因为全国校园儿童中心联盟会议的参与者所在的早期教育机构通常都在大学校园里，它们有时被认为比社区中常规的早期教育机构质量更高。如果是这样的话，我们可能会期望这些机构中的教师和保育员受到更好的训练。这意味着在社区机构中的教师更需要自我反思方面的支持。然而，来自新泽西州社区机构中的教师是以相同的方式来回答问卷中的问题的。问卷中有些问题是定性的，例如：

- 您觉得发怒是一种什么样的感觉？
- 当孩子们在教室里表达愤怒时，您会怎么做？
- 为什么当您还是个孩子的时候，在父母面前表达愤怒是可以的，或者是不可以的？

问卷中的其他问题是有关人口统计学变量的问题，涉及年龄、性别、工作时间、文化背景和学历。对数据的初步分析包括根据教师们对定性问题的回答来划分类别或主题，并将这些类别或主题与人口统计学资料建立联系。例如：男性和女性教师对发怒的感受不同吗？教龄不同的教师是否对孩子发怒有不同的反应？然后，我分析这些结果对教师教育或未来研究的启示。

对调查资料的初步分析呈现出一个显著的结果，它与本章讨论的问题有关。当这些教师被问及自己如何看待发怒时，他们均以消极的方式来描述愤怒，并记述了许多情绪化的细节。下面是一些例子。

- 那时我的内心揪在了一起。我想大喊大叫,耳朵都发热了!我也容易流泪!
- 强烈的情绪使我感到发热,愤怒经常会让我哭出来。
- 有一种我无法控制已经发生的事情的感觉,这让我很难过。
- 我无法理性地思考,我感到我的手掌在出汗。我的膝盖开始颤抖,我的声音开始破碎。我说话更大声也更快。这让我明白了为什么会有摇晃婴儿综合征。这种行为无法宽恕,但我理解父母为什么会走到这一步。
- 我觉得我必须让自己远离这种情况,以避免大喊大叫。这让我感到沮丧和无助。愤怒是炽热的。有时它像潮汐一样向你袭来。有时它会越积越多,直到变成一座火山并喷发出来。
- 愤怒的感觉是你想要爆发,想要尖叫,想要击打什么东西。它让你感到热、不舒服和焦虑。

此外,参与调查的人还描述了孩子们是如何让他们发怒的。以下是一些例子。

- 一个孩子不听我或不听其他孩子说话。我一次又一次地要求他们做某件事,但他们没有回应,或者没有坚持完成某件事情。
- 孩子们知道规则却不遵守规则。
- 孩子们用手而不是语言来表达——最重要的是,他们对别人很刻薄（取笑和辱骂）。我几乎不能容忍这样的事情发生。
- 当我累了、生病了，或因为其他事情而沮丧时，我更容易生气。
- 当一些孩子伤害其他孩子或者反复做我不让他们做的事情时，我会生气。
- 我讨厌抱怨。抱怨让我很生气。
- 孩子们说他们不需要上厕所，但是5分钟后他们又要上了。
- 被孩子忽视或者激怒，被孩子打、吐唾沫，或者被直呼姓名。
- 当一些孩子伤害其他孩子或他们自己的时候。
- 当孩子们故意做一些事情来引起负面反应的时候。
- 当孩子顶嘴或不听话的时候。

在调查中，绝大多数（99%）的教师都回答了关于他们希望自己如何对待孩子和愤怒的问题。对于"当孩子们在教室里表达愤怒时，您会怎么做？"这个问题，他们的回答几乎是照本宣科的，似乎跟他们所任教机构的培训手册中的内容一样。事实上，我想这些答案大多来自本书第一章中列出的参考文献，或者来自教师们参加过的行为管理研讨会。有一点对我来说似乎是显而易见的：至少这些教师知道他们应该说些什么。以下是一些例子。
- 我认同儿童的感受，并试着帮助他们用语言表达愤怒。
- 只要他们不伤害自己或他人，我们允许他们难过一段时间。我们给儿童一个安全的地方，让他们把情绪发泄出来。

- 我们告诉儿童,人是可以难过或生气的,但需要走开或坐下来,有一些私人时间来处理情绪,这样他们就不会伤害朋友(如果是身体上的)。如果不是拳打脚踢地发怒,我们希望孩子能告诉教师或朋友自己为什么难过。
- 我们尽量不抑制孩子的情绪,但确保他们不会伤害到自己或他人。
- 我们告诉孩子生气没关系,但他们不能伤害别人,或者在他们生气的时候不能破坏财物。
- 问他们是否生气了。如果生气了,请他们告诉教师或者朋友,并且说说自己生气的原因。
- 如果孩子发怒了,要帮助他们解决问题。

事实上,从教师们的回答可以看出,有关行为管理策略和情绪发展的文献以及教师成长培训已经起了作用!教师和管理人员当然知道该如何管理孩子的行为,特别是如何处理孩子的愤怒。当被问及管理孩子发怒的方式时,他们回避了自己的反复无常以及感到生气时的消极反应,转而叙述一些职业化的行为方式。

调查发现,对于孩子发怒,教师说的是一件事,而对自己生气的经历却说的是另一件事。这就引出了下面的问题。例如:教师遵循这些指示来管教儿童是出于责任或恐惧,还是出于他们内在的意识或受到这些指示的驱动?这些政策如何与教师的信念体系或管教方法相联系?所有教师在与孩子互动时,都是以这种职业化的方式、冷静专业地对待孩子吗？当孩子令他们生气时，他们的反应与他们回答定性问题时的答案一致吗？他们是根据管理人员、主管或研究者想听到的内容来回答问题的吗？

我曾经是一名幼儿教师，现在是一名教师教育研究者。我会实地观察教师。我的经验是，当面对孩子们的挑战性行为时，教师们的反应往往与他们在调查中所说的职业化的反应截然不同。例如，两名实习生报告说，他们合作的教师对她认为有问题的孩子表现出攻击性的发怒行为。那位教师抓住一个孩子的胳膊，把她拖到教室的另一边，严厉地让她坐下来，同时大声责骂她。这位教师也参加了调查，她在回答问题时是以专业的脚本来回答的，对以尊重的方式引导孩子是持接受态度的。

根据希森的说法，"无论成人的信念是什么，和幼儿打交道的成人有时真的会对幼儿的行为很生气"（Hyson，2004）。此外，她还建议我们，识别我们可能产生这种感受的原因是有帮助的。同时，要承认"给幼儿示范如何表达愤怒是一项复杂的、困难的任务。尽管有责任心的教师会刻意避免用过度的发怒来吓唬孩子，但在允许孩子体验真实的发怒和以不适当的、不能控制的情绪来压制他们之间保持平衡并不容易"（Hyson，2004，pp.78-79）。

这种"说是一回事，而做是另一回事"的现象引发了更多的问题。如果这种现象存在的话，个人的感受和工作中的人际交往之间有什么联系？当这些感受出现时，教师如何处理个人与职业之间的冲突？换句话说，我可能理解应该做什么，甚至同意自己读到的那些要求或者被告知的策略。但有时我的情绪变得过于强烈，我学到的那些知识和要求并不适用，我发现自己的行为方式是不恰当的。这些冲突会让我感觉如何？我会有负罪感吗？我会感到惭愧吗？羞耻感和负罪感并不会让我们更有能力或者行为更得体。它们强化了我们对自己的不好的感受，这反过来会让我们麻痹。更糟糕的是，它会让我们下次的行为更加不当。教师教育工作者、管理人员和主管该如何支持教师对这一问题进行反思？

在调查中，教师对孩子发怒的可接受性和处理问题的方式的描述几乎完全相同，都是照本宣科的陈述。这些都表明，教师是知道如何恰当地与幼儿互动的。但这是否意味着他们言行一致？无论教师的行为方式是怎样的，他们都需要一些支持来帮助他们理解自己对孩子感到愤怒时表现出的一些行为。这有助于教师避免对孩子要求苛刻，或者使用羞辱的和不尊重的方式与孩子互动。

遗忘的愤怒

重要的是要记住，发怒本身既不坏也不可耻。发怒所带来的伤害可能来自我们表达或压抑它的方式。当然，这些观点对你来说可能并不新鲜。我们现在已经认识到，如果压抑不舒服的情绪太久，对身体和心理都没有好处。它也不会真正对我们周围的人有益（无论是在私人关系还是职业关系中）。发怒以各种方式表露出来：被动的、侵略性的，疾病和头痛方面的，甚至是破坏性的或爆炸性的。

当感到愤怒时，我们有很多事情可以做。我常听人说，在发怒前停下来数到10或数到3（或任何适合你的数字），是个好主意。作为教师，我们必须意识到这不只是数到10的事。不假思索的反应可能会给孩子传递一个信息，并使其内化到他们的生活中！在很多时候，我们很容易把愤怒发泄到周围的孩子身上。他们是无助的，他们需要帮助，而我们却无能为力。如果我们也感到无助和需要帮助，或者从童年起就有未解决的愤怒，那么作为教育者的我们就有责任找出其中的原因。教师在教室里定下了基调，是教师的情绪造就了教室里的氛围。

行动起来

幼儿教师和照护者生气发火有着不同的原因和不同类型的经历。有些愤怒直接与孩子的行为有关。换句话说，孩子会做一些让我们生气的事。通常，这些情绪会有意识或无意识地让我们回忆起自己小时候表达愤怒时所受到的对待（不管我们是否被允许这样去表达）——在我们表达愤怒的时候会被制止，或者被约束。我们的反应多种多样。每个人都有各自独特的人生经历，因为我们的个性、在家庭中的地位、被对待的方式，以及我们的情绪记忆、依恋、信任和自我价值感都是不同的。

孩子的什么类型的行为会让你生气？请反思你最近与幼儿的互动或者幼儿的挑战性行为，并列出让你感到不适的行为类型。是孩子们回嘴或质疑你的命令，还是他们咬人、打人、吐唾沫、推搡、拿其他孩子的东西、踢人、抱怨？阅读附录中关于愤怒的调查，特别关注那些关于你的家人如何允许你表达愤怒或你如何描述自己感到愤怒的问题。当你回答这些问题时，它们也许会帮助你回忆起自己在生活中或课堂上感到愤怒的时刻。例如，想想你小时候被管教的方式，尤其是当你表达愤怒时大人是如何管教你的。在接下来的一章中，我将进一步讨论我们小时候所受到的管教对我们的影响。

结　　论

帕克·帕尔默（Parker Palmer）在《教学勇气》（*The Courage to Teach*，1998，p.5）一书中写道："在任何一种工作中，我们能做到的最实际的事情是，在我们做这件事的时候洞悉内心发生了什么。"他还表示：

我在课堂上经历的纠葛，往往和我内心世界中的纠结差不多。从这个角度看，教学是心灵的一面镜子。如果我愿意照镜子，而不是逃避我所看到的，我就有机会获得自我认识——了解自己与了解我的学生和我教授的课程一样，对良好的教学至关重

要。(Palmer, 1998, p.2)

如果我们感到愤怒,很可能是因为:我们的权利受到了侵犯,或者出现了不公正的情况。处理愤怒的关键不是压抑它,而是让自己找到一种有效且有益的方式来表达它。但是,我们可能要先找出自己生气的原因,或者是感受到这种情绪波动的原因。正如帕尔默所建议的,保持安静并面对不舒服的感觉是需要勇气的。

儿童会通过我们所提供的榜样学到很多东西。他们会学习敞开心扉和诚实,如果我们能和他们分享处理发怒的技巧,那么他们就能学会有效地表达愤怒。这么多年来,世界上所有的自由运动都是因为人们受够了自己的权利被侵犯。其中一些人成功地表达了他们的愤怒,其他人则不负责任和破坏性地进行表达。在教室里,教师总是对孩子及其感受有影响的人。面对像愤怒这样不稳定的情绪,我们有责任去理解和面对它,这是一件令人敬畏的事情。

参考文献

Hyson, M. 2004. *The emotional development of young children: Building an emotion-centered curriculum.* 2nd ed. New York: Teachers College Press.

Jersild, A. T. 1954. Understanding others through facing ourselves. *Childhood Education* (May): 411–414.

Lerner, H. 1985. *The dance of anger: A woman's guide to changing the patterns of intimate relationships.* New York: Harper and Row.

Paley, V. G. 2000. *White teacher.* Cambridge, Mass.: Harvard University Press.

Palmer, P. J. 1998. *The courage to teach: Exploring the inner landscape of a teacher's life.* San Francisco: Jossey-Bass.

第四章　面对自己的无力感

> **儿童保育或儿童福利工作者的哀歌**
>
> 我照护的孩子太多，但时间和精力太少。
>
> 工作需求太多，工作时间太长，但休息时间太少。
>
> 噪声太多，关心太少；
>
> 紧张太多，感谢太少。
>
> 永远没有安宁，也没有足够的回报。
>
> 虽然我每天都在塑造人类的未来，
>
> 但我挣的钱比看门人、泊车员和垃圾清理工还少。
>
> 我们的国家什么时候才能清醒过来，
>
> 去珍惜那些照护孩子们的人？
>
> ——玛丽安·赖特·埃德尔曼（Marian Wright Edelman）

最近，我因为感染，在医院里住了4天。照顾我的护士按时给我注射抗生素，他们的工作非常有效率。他们非常忙。病房里有许多房间，许多病人的医疗需求比我的更迫切。我可以行走，身体状况良好，在很多方面都可以照顾好自己。我欣赏护士们的效率和能力，他们冲进又冲出我的病房，关照着我身体的状况。

但我觉得自己在情感上被忽视了。由于我已经20多年没有住过院了，这对我来说是一种压力。除了因为发烧和一些疼痛而感觉不舒服之外，我还对自己的身体状况感到焦虑，不知道病情会如何发展，也不知道需要多长时间才能好转。

经过两天的有效治疗后，我突然意识到自己很孤独、被忽视了。这真的不是任何人的错，因为护士们正在做他们需要做的工作——对我进行药物治疗。他们似乎从来不叫我的名字，也不花时间问我怎么样、我是谁，或者以更私人的方式了解我的事情。的确，是我自己很想念个人的以及情感上的互动。第三天，我开始"拖延"护士们的时间，在他们短暂地来注射抗生素、测血压或量体温之后，我问他们心情怎么样，也表达了我对他们的个人生活感兴趣，并鼓励他们分享一些自己的故事。我发现其中一个护士也在学习法律，已婚，有一个年龄不大的孩子。另一个护士周末去了纽约，她很高兴地分享了自己探望孙子的故事。当我快离开医院的时候，护士们也开始慢慢地问我的情况。我了解到他们有趣的、多样的，同时复杂的、忙碌的、有点压力的生活。他们并不是有意忽视我的情感需求。他们的生活和工作妨碍了他们这样做。

这些护士让我想起了儿童照护中心的教师和保育员。我在那里当了11年的主任。这些教师和保育员都很坚强、能干、敬业，不知疲倦地照护着年龄小的孩子们（从出生只有6周的孩子到5岁左右的孩子）。他们常常不得不把复杂而紧张的个人生活放在一边，全身心地照护和教育这些在教室里柔弱的、脆弱的孩子们。有时，他们在做体力活时表现出的惊人效率，与我在医院里感受到的护士的工作效率不相上下。然而，当他们忙于将教室里出现的混乱局面处理得井井有条时，作为领导的我不得不经常提醒他们，不要忘记或忽视孩子们的情感需求。

> 儿童教育工作者会受到社会对他们的认知的影响，并不得不应对由此产生的情绪。

严厉照护与慈爱照护

在我准备写这本书的时候，一位同事将莱维特（Leavitt）写的一本书作为礼物送给了我。她跟我详细谈论了她对所谓的"严厉照护"的担忧，她发现很多早期教育项目中都存在这种照护方式。她勇敢地面对自己的行为和情绪，意识到自己在多年前从事儿童保育工作时，在与学步儿打交道的过程中常常表现得过于严厉，这让她感到震惊。我的同事创造了"严厉照护"这个词，而她给我的书中提到的是"情感上的、回应性的、赋能式的照护"（Leavitt，1994）。她现在决心去学习、写作，并支持教师成为在情感上有回应的照护者。

当读莱维特的书中的一些内容，看到现场笔记所描述的孩子在托儿所的经历时，我会因为愤怒、同情和震惊而哽咽流泪。例如：

> 照护者站在安德烈娅的婴儿床旁，用力摇晃着它……安德烈娅（7个月大）蜷缩在婴儿床的一角，哭成一团。照护者继续摇晃婴儿床，摇了大约10分钟。然后，她抱起安德烈娅，把她放在婴儿床前的瓷砖地板上。她说"如果你不睡觉，就坐在那儿吧"，然后就走开了……过了一会儿，安德烈娅躺在地上揉着眼睛。照护者抱起她，给她换了尿布。她抱起安德烈娅，把她放在婴儿床上。安德烈娅立刻哭了起来。照护者又开始摇晃婴儿床。这种情况持续了一会儿。照护者没有轻声安慰安德烈娅或轻拍她的背。另一位照护者走过来观察情况。她抱起安德烈娅，让她坐在摇椅上。大约10分钟后，安德烈娅睡着了。这位照护者轻轻地把她放在婴儿床上，她继续睡觉。（Leavitt, 1994, p.63）

有时，我在阅读一些对照护情况的描述时感到非常痛苦，我必须把书放下，给自己泡杯茶，然后才能继续阅读。我不确定我是因为想起自己小时候蜷缩成一团、独自哭泣、感到困惑或害怕的那些时光而痛苦，还是因为我曾在自己担任顾问、认证官或访客时在不同的儿童保育场所中目睹过类似场景而痛苦。事实上，我在儿童照护中心当主任时，也时不时地目睹过严厉的照护。我哭泣主要是因为我知道，那些现场记录和对孩子们的经历的描述是真实的、持续的。莱维特将照护孩子描述为一种"情绪劳动",它让照护儿童的工作变得很累人,尤其是因为社会期望,照护者要在"情绪上有深入的投入",而且是"长时间地以他人为导向,这会让他们对照护孩子的实际工作产生相当大的情绪压力"(Leavitt,1994,p.61)。莱维特进一步说:"在一项针对日托中心工作条件的研究中,有四分之一的照护者提到,他们在工作时最不喜欢的是与孩子打交道。"(Leavitt,1994,p.62)

社会对教师职业的看法

儿童表现出挑战性行为并不是教师生气和沮丧的唯一原因。有时,我们在职业等级中的地位会使我们愤怒和怨恨。幼儿教师在儿童照护机构中的工作时间长,工作很辛苦,而且是教育行业中收入最低的人群。不仅如此,社会上的大多数人把幼儿教师看作"照看一群孩子的一群女人"(Jacobson,2003,p.72)。最近,一些州开始意识到早期教育的重要性。他们通过资助和加强针对4岁儿童的学前教育来表明这种意识。但是,他们仍然不相信婴儿、学步儿和3岁儿童的照护和教育非常重要,照护人员需要接受高质量的教育或获得体面的工资。这种情况会降低教师的自我价值感,并引起怨恨。

当我回想起自己担任儿童照护中心主任的日子时,我意识到教师和保育员常常感到无力和不被重视。首先,社会对他们的工作缺乏尊重。其次，他们经常被排除在行政部门的决策过程之外，在一些问题（如儿童入学的人数或儿童何时转到不同的年龄班）上，并没有考虑到教师的需求。最后，他们的日常工作（重复换尿布和给孩子喂饭）单调乏味（Leavitt, 1994, p.63），而且反复抱起孩子、孩子频繁地感染疾病，以及孩子哭闹给他们带来很大的压力。

当照护者面对孩子持续的、不可预测的和大量的需求时，他们可能会感到失去控制，也失去了个人的自主性。他们可能被迫在力所能及的范围内对无助的孩子施加控制。因此，照护者缺乏灵活应变的能力可能部分源于他们自己对控制感和可预见性的需求。（Leavitt, 1994, p.47）

我常常想知道从事儿童教育工作的女性是如何选择做这项工作的。例如，我就是这个群体中的一员，我选择这份工作的部分原因是我觉得除了这个工作，我做不了其他的工作。我几乎没有其他的选择了。如果照护孩子不需要一定的教育水平，而且工资低于垃圾清理工的收入，那就说明任何人都能做这个工作！从这种贬低自己和职业的看法开始，我常常很难让自己摆脱低自我价值感和无力感。我发现，在这些经历中，我并不孤单。即使是那些因为相信自己能改变孩子的生活而有意识地选择这个职业的人，也必须努力不让社会上的观点或者莱维特所描述的艰苦的情

绪劳动降低自己的自尊。最近,我执教的一名本科生,给我提交了一篇论文。她在这篇论文中对这个问题进行了"反思考"。她写道:

> 我从未意识到,在父权社会中,由于社会压力,许多女性在幼儿教育领域都感到自己受到了很大的忽视,这种情况进一步影响了她们与学生及其家长的关系。在成长的过程中,我很幸运,至少有一个非常关心和支持我的家庭。从我记事起,我的父母就一直鼓励我追求自己的梦想,并为我提供所需要的支持,帮助我实现个人目标和教育目标。在过去,我意识到男人在社会上比女人有更多的优势,但是我从来没有让这一点阻止我去追求我想要的。无论我做什么,我都努力做到最好,我不会让任何人小看我,因为我希望能够帮助孩子们,让他们形成良好的自我价值感(就像我一样),这样他们也能在一个要求高、充满挑战的社会中感到不可被战胜。

事实上,如果幼儿教师和保育员有意识地选择了这个职业,那么一切都是很好的。如果这个写论文的学生出于最高尚的原因选择了这个职业,那么她很有可能要不知疲倦地努力,不让社会观点或照护孩子的情绪劳动降低她的自信水平。但是通常的结果往往是精疲力竭,导致教师或者保育员离开幼儿园,成为年龄较大孩子的"真正的"老师。

女人与强烈的情绪

长期以来，人们都不鼓励女性觉察情绪并坦率地表达愤怒。温柔和甜美是女性被塑造的特质。我们是养育者、安慰者、和平缔造者，是历经风浪给他人提供稳定和支持的女性。我们可以维持关系，就好像我们的生命有赖于它一样……当它促使我们成为更了解自己的专家，而不是更了解他人的专家时，愤怒就是改变的工具。（Lerner，1985）

在我写这本书的时候，我所在的美国第一次认真地考虑让一位女性候选人来担任总统。在总统选举初选阶段，我收到了一位朋友的电子邮件，她说她打算全力支持并投票给一位女性总统候选人。她解释说，如果她不这样做，她将无法忍受。因为作为一个女权主义者，她担心可能要过很多年才能再次有这样的机会。

不久，我读到一篇关于投票选举女总统的评论文章（Steinem，2008），以及一篇描述在工作场所如何看待男性和女性的文章（Belkin，2007）。这两篇文章都让我想到，我相信自己有能力且有权利接受高等教育是多么困难的一件事。在必要的时候，我也会变得坚强和自信。很明显，我被社会同化了，相信男人才可以掌控获取知识和工作的场所。在我的第一本书《直面我们的不适：为童年早期的反偏见扫清道路》中，我描述了我母校的一位老师是如何称我为"泼妇"的，因为我站出来揭露了我的导师是如何对待我的（Jacobson，2003）。在我的职业生涯中，有很多次我都很难被认真对待，或者知道如何在自信与富有同情心和教养之间取得平衡。然而，我必须说，我们已经走过了相当长的一段路——80多年前，美国的女性甚至没有投票权。即便如此，我还是对媒体如何大肆炒作希拉里·罗德姆·克林顿（Hillary Rodham Clinton）而感到震惊。因为她在初选阶段，情绪激动地谈到自己为何参选总统，而且不禁流下了眼泪。

从年龄很小的时候开始，女孩就被大人教导，要抑制自己表达愤怒，甚至是表达愤怒的感受。随后，如果女性在工作场所变得自信或强势，表达自己的感受，她们就会受到歧视。在贝尔金（Belkin）的文章和斯泰纳姆（Steinem）的文章中，这些刻板印象和期望与身居领导职位的女性格外有关，因为她们会与男性竞争权力和职位。在养育和教育这种培养人的工作中，几乎没有男性可以与女性竞争，人们期望女性更有教养、更温柔、更善良。毕竟，"照看一群孩子的一群女人"不都是天生善良和体贴的吗？同时，我们还要管教孩子，教他们如何按照社会规范行事。这真是进退两难！我们怎么能给孩子们设定明确而坚定的界限，同时保持善良和教养呢？这种困惑是可以理解的，果断和坚强并不是人们所认为的女性的积极品质。我们大多时候会赞美小女孩漂亮或体贴，却很少告诉她们，我们钦佩她们的力量或智慧。管教和设定界限都是与果断有关的。长期以来，我一直纠结于这样一种观念：果断和力量被认为是不友善的，卑劣和无礼是不友善的。然而，设定明确的界限是可以让孩子产生安全感的。

幼儿教育工作者在一个被低估的职业中努力工作，人们期望他们在感到怨恨、低自我价值感和无力感的同时，也要有教养并对儿童做出情感上的回应。当幼儿教育工作者发现自己处于无助和沮丧的境地时，他们更有可能以不恰当的方式对孩子发泄愤怒，而孩子又是那么弱小无力。这是不足为奇的。大多数幼儿教育工作者是女性，有各种各样的理由感到愤怒或怨恨。一些教师告诉我，她们压抑情绪太久了，以至于不知道自己什么时候在生气，或者是否生气了。她们必须努力学习，反省和觉察自己的感受，因为她们在孩提时代就学会了否认某些情绪。

行动起来

请思考以下问题：

- 你是如何选择成为一名幼儿教师的？
- 是什么或是谁影响你选择幼儿教师这个职业？
- 你如何压抑自己的情绪，尤其是那些看起来危险的和不可接受的情绪（比如愤怒和怨恨）？它们如何影响你处理孩子们所表达的情绪？
- 当我们感到无能为力时，如何赋予孩子力量？
- 你如何知道自己是一个严厉的照护者还是一个在情感上有

第四章 面对自己的无力感

回应的照护者?
- 你对女性的果断和坚强有何看法?
- 你的自信或缺乏自信如何影响你与儿童及其家庭的日常互动?

仅仅考虑上述问题可能还不够,因为你的一些回答可能会让自己很生气,甚至可能让你痛苦。与某个人谈谈这些问题会有所帮助。给我写电子邮件的那位女性朋友,是通过倡导女性权利来考虑对这些问题的回答和感受的。将痛苦和愤怒转化为为社会正义而战,是一种有效的行动方式。每当我对这些问题情绪激动时,我的丈夫都会提醒我一句话:"不要悲伤,要组织起来!"当我在博客上写下最近竞选活动中所发生的事情时,我理清了自己的感受:

我对所有关于希拉里的性别歧视言论感到震惊,这并不是因为我不知道这种言论的存在,性别歧视在世界各地(包括美国)都很盛行。希拉里被人称为好斗的、过于愤怒的人,我简直无法想象还有什么其他说法!而男性候选人却不会被这样看待。今天,听到希拉里遭遇的一件事后,我满怀激愤地冲进书房,把这件事写下来。在她发言时,有男人高举标语,上面写着:"给我熨衬衫。"我更喜欢最近看到的一个汽车保险杠贴纸,上面写着:"女人应该在白宫里!"

当我看到希拉里作为一名女性在这场竞选中面对挣扎和挑战时,我与她感同身受:所有女性要团结起来,凝聚力量,共渡难关。她昨天短暂的情绪流露被媒体反复渲染,似乎在这个父权社会中,女性流露情绪是一件需要防范的事情。我听到人们说:"如果你给一位女性投票,就会发生这样的事情,她只会让自己的情绪影响决策和行为!"就好像这种情况从来没有发生在那些看似理性的、占主导地位的男人身上!

以这种方式公开写下自己的感受,有助于我审视自己的感受。此外,不同的人对我写的东西发表了评论,这一切在当时都变成了一场富有成效的辩论。

在过去,有时写一封不会寄出的信可以帮助我表达一些难受的感觉。许多年前,我就写过这样一封信,但没有寄出。这封信是写给我父母的,他们已经离婚了。我写信是想告诉他们我对于做他们的女儿有什么感受(Jacobson,2003,pp.124-125)。我已经从治疗师那里学会了这个方法,在父亲去世后,治疗师建议我给父亲写封信。那时候,我很后悔没能告诉他我有多爱他。这些年来,我在日记中写下了一些我没有公开寄送或分享的信件。写这样的私人信件能够帮助我处理愤怒、哀伤或不公正的感觉。

当你思考第82和83页列出的问题时,你可以给大众、学区的行政管理者、照护中心的主任、校长,甚至是国家的总统写信!你可以这样开头:"亲爱的×××(你选择的任何人)"。

记得把你的感受写下来，把所有的沮丧和愤怒都写在纸上。我知道有人在事后会把这些信件烧掉，埋在地下，或者把它们锁在一个私人的盒子里，直到觉得不再需要它们了。最近，我想我可能会给"父权社会"写一封信，我会这样开头："亲爱的父权社会，在您至高无上的统治下，每个人都是理性的，表达情绪被认为是软弱的。"谁知道呢？这封信最终可能会寄给一名立法者或在社交媒体上发表。

当我们面向幼儿开展工作时，为自己发声是很重要的。当我们感到强大和自信时，就不太可能感到受威胁、怨恨或愤怒。我们会有更多的空间让孩子们敞开心扉。此外，我们更能接受儿童多样化的观点和果断的行为。当我们感到强大、自信，并能控制自己的生活选择时，就更有可能赋予他人力量，而不需要去控制他们。

结　　论

我们职业中的权力结构会影响我们的感受。作为一名专业的幼儿教师教育者，我可以告诉你，说服年轻、有抱负的女性在儿童教育行业中工作很长一段时间是很困难的。毫无疑问，你必须全身心地投入这项工作。这项工作工资低，社会上有偏见。"只是一群女人在照看一群孩子"的看法随处可见。它渗入我们的意识，降低我们的自信水平。许多大学生告诉我，他们想成为"真正的"老师——指的是中小学或大学老师。我们正通过向立法者和行政人员强调早期养育和教育的重要性，慢慢减少社会上的这些观念，但我们还有很长的路要走。

最近我和一个好朋友通了电话。她告诉我，她的姐姐是一位杰出的儿童作家，她把自己写的关于学习阅读的书送给了当地的立法者，甚至送给了她所在国家的总统。当我们讨论最近的竞选活动时，我告诉她我要给谁投票，我的朋友兴奋地说："塔马，把你的书送给他们！"我吸了一口气说："我做不到！""为什么不呢？"她大声地笑着问道。"我有什么资格把我的书送给这些杰出的、重要的人？"我不好意思地回答说。

"我又来了，又失去了信心。"打完电话后，我心里想。立法者和总统也是人啊！人生在世，我们——男人、女人、孩子都生活在一起。也许我接下来要说的一些话会影响比我有权力的人，而且会影响未来儿童和教师的生活。对我来说，与年幼孩子及其家长一起工作一直是一项崇高而重要的事业，无论我得到什么报酬，无论我们的社会如何看待我。然而，一次又一次地感觉自己不被赏识或不被认可让我倍感压抑，还动摇了我的自信心。

因为某些原因，当我写这些内容的时候，我想起了罗伯特·富尔格姆（Robert Fulghum）的一部我最喜欢的作品。当他看到特蕾莎修女于1979年在挪威奥斯陆获得诺贝尔和平奖的照片时，他描述说，她是"一个在南斯拉夫长大的阿尔巴尼亚老妇人，生活在印度贫民区中"（Fulghum, 1988, p.189）。几年后，当他以嘉宾的身份参加一个量子物理学会议时，他在孟买再次见到了特蕾莎修女，并将她描述为"一个穿着褪色的纱丽和破旧凉鞋的朴素女人"（Fulghum，1988，p.191）。他写道：

她大步走到讲坛上，把会议的议程从知识探索改为道德行动主义。她用坚定的声音对充满敬畏的与会者说："我们做不了大事，只能用大爱去做小事……"

当我为个人的无能而感到沮丧时，她却一直在改变世界。当我希望有更多的权力和资源时，她利用自己的权力和资源去做她现在能做的事情（Fulghum，1988，p.192）。

富尔格姆的话一直激励着我。作为女性或幼儿教育工作者，我们真的没有太多的时间顾影自怜，或者觉得自己是社会的受害者。在我们的工作中，年幼的孩子需要我们的陪伴、情感支持、坚强和自信。我们需要用所有的个人力量和资源做我们现在能做的事情。然后，我们也许可以用伟大的爱，把我们照护的这些小孩子变成伟大的人！

参考文献

Belkin, L. 2007. The feminine critique. *New York Times*, November 1.
Edelman, M. W. 1995. *Guide my feet: Prayers and meditations on*

loving and working for children. Boston: Beacon.

Fulghum, R. 1988. *All I really need to know I learned in kindergarten: Uncommon thoughts on common things*. New York: Villard Books.

Jacobson, T. 2003. *Confronting our discomfort: Clearing the way for anti-bias in early childhood*. Portsmouth, N.H.: Heinemann.

Leavitt, R. L. 1994. *Power and emotion in infant-toddler day care*. Albany: State University of New York Press.

Lerner, H. G. 1985. *The dance of anger: A woman's guide to changing the patterns of intimate relationships*. New York: Harper and Row.

Steinem, G. 2008. Women are never front-runners. *New York Times*, January 8.

第五章　说出自己的童年创伤

> 实际上，我们从经验中学到的东西远不如从反思中学到的东西多。
>
> ——乔治·J. 波斯纳（George J. Posner）
>
> （反思）是指意识到自己的动机、想法、信念、问题、假设、感受、态度、愿望和期望，目的是对它们的意义、它们与个人所知之间的联系，以及新经验和信息获得深刻的见解。反思使人能够获得洞察力，这种洞察力是从经验中学习到的，并能够改变习惯性行为。
>
> ——玛丽安娜·琼斯，玛丽莲·谢尔顿
> （Marianne Jones & Marilyn Shelton）

成人给孩子制造情感上的压力，也许是因为他们不记得自己的童年经历。通过回忆照护者自己在儿童时期的需求和柔弱，他们可以学会识别和回应儿童的需求和柔弱（Bowman, 1989）。当照护者琢磨自己的童年和经历时，探索对儿童的回应性照护的意义就变成了一件"非常个人的事情"（Giroux, 1981）。那么，对于照护者来说，探寻回应性照护的意义就是一个自我探究、自我反思和自我照顾的过程。照护者必须变得更有自我意识，也就是具备儿童意识，适应自己和孩子的情感……自我意识和自我照顾也需要照护者的自我接受。

——罗宾·林恩·莱维特（Robin Lynn Leavitt）

当我儿子六七岁的时候，我担心其他人会因为我是单身母亲而批评我。事实上，我为自己离婚而感到羞愧，好像自己在某些方面失败了，是一个坏人。我把这和自己成长过程中发生的许多事件联系起来。例如，有一次，学校里有人说我来自一个破碎的家庭，因为我的母亲离婚后又再婚了。当我放学回家时，我向母亲求证了这件事。我一直记得当我问母亲我是否来自一个"破碎的家庭"时，她感到愤怒和惊慌，我以为我冒犯了她，并认定一个人有一个破碎的家庭是一件很糟糕的事情。当我儿子还小的时候，我很幸运地在一所只有一间教室的幼儿园工作，我工作的时间和我儿子上幼儿园的时间一样。但是，我会比他晚1小时到家，因为他可以直接从幼儿园过马路走到家，而我必须骑自行车穿过镇子。我们住在一个大的住宅区，有长长的、低矮的公寓楼。邻居们都很友好，而且乐于助人。孩子们可以安全地在公寓正对着的大操场上玩耍。

我的儿子有钥匙，可以自己开门进家。他知道我的要求，在我回家之前他都只能在房间里玩耍。我不希望他在妈妈没回来的情况下到外面玩耍，因为我害怕邻居认为我是一个"玩忽职守"的家长，或者注意到我的孩子来自一个破碎的家庭。一天，我回到家，发现他在外面和邻居的孩子玩。邻居坐在旁边的长椅上，我的孩子是完全安全的，但我却勃然大怒！我感到非常愤怒和焦虑。不用说，我儿子一定觉得我很生气。我对他大吼大叫，还打了他的屁股，然后我们就进了公寓。当我准备午餐时，他已经回到自己的房间了。他被我制服了，而我被自己吓坏了。我无法理解自己的愤怒为什么那么强烈。毕竟，我和邻居很熟，我确信我的孩子是安全的。后来我意识到，我最感到羞耻的是——我害怕邻居认为我是"一个单亲妈妈，有一个来自破碎家庭的'挂钥匙儿童'[①]"，我忽视了孩子，我不适合做母亲。后来，我向儿子道歉，并向他解释我为什么会那么生气。

在那之后的很长一段时间里，我一直因为自己在儿子小的时候打过他几次屁股而耿耿于怀。几年前我看到了爱丽丝·米勒（Alice Miller）的一段话。当我读到这段话时，我哭了：

当我了解到大脑研究的最新进展以及对婴儿阶段的研究成果时，我认识到为什么那些儿童最初接受的课程和信息的影响会如此持久。有了这些新的研究成果，我想对现在的母亲们说："如

---

① 英文为"latchkey kid"，指的是因为家长出去工作，所以放学后独自在家、无人照看的孩子。——译者注

果你们发现自己不自觉地打了孩子，不要沮丧。这是你的手在非常早的时候就学会的一种行为；它几乎是自动发生的，而且你通常可以通过认识到自己的错误并承认它来避免对孩子产生伤害。但无论你做什么，永远都不要告诉孩子你打他是为了他好。如果你这样做，你将会延续'蓄意的愚蠢'和'隐蔽的虐待'。"
（Miller, 2001, p.116）

就在我写完我儿子的那件事后不久，我的儿子从波士顿给我打来了电话。他现在34岁了。当我看到他的电话号码时，我笑了，并立即接起电话，高兴地说："嘿！我刚才还在书里写你的事情呢！"他问我写了些什么，我描述了当时的情况，问他还记不记得细节。他沉默了一会儿，然后说不记得了。但是，他说他记得有一天晚上，大概就是那个时候，我带他拜访一个朋友后开车回家，我向他保证我再也不会打他了。这下我沉默了。

"我对你说这句话的时候，你是什么感受？你能记得过去那么久的事吗？"我问他。

"问得好。"他回答。当我的儿子——一个成年男人——回忆起六七岁时发生的事时，我变得更加沉默。

"我很感激你，"他说，"我觉得你的承诺很好。我觉得那是你向我表明，你对自己的所作所为感到不舒服。"他停顿了一下，然后继续说道："我一直记得这件事——它影响着我，并对我来说很重要。我觉得从那时起我更有安全感了。我知道，即使你很生气，我也不会再挨揍了。"

> 我们过去经历的事情和形成的模式会对我们产生影响，这是无法避免的。然而，我们可以选择用更加明智和清醒的方式来应对这些情况，而不是仅仅基于本能或习惯做出反应。

幼儿的情绪是强烈的。我认为他们的情绪表达是原始的和粗糙的。孩子不像成人那么复杂，也不像成人那样能控制自己，因此他们倾向于毫不掩饰地表达自己的感受或想法。当这种情况发生时，我们的童年记忆也会被唤醒或被触发，这是一种自发的反应，虽然我们似乎感受不到它们的存在，但它们会让我们失控。例如：你有没有觉得自己突然说了一些你小时候父母对你说过的话？这种事在我身上发生过很多次了。这些话就这么脱口而出，不由自主。虽然这并不总是一件消极的事情（因为我母亲在我成长的过程中讲过许多有趣和美妙的事情），但仍然会让我感觉我好像没能控制住自己所说的话。米勒进一步描述了这一现象：

我一直对人们精确地复制父母的行为感到惊讶，尽管他们对自己的童年没有清晰的记忆。一个父亲会打他的儿子，用讽刺的话羞辱他，却不记得他曾经因什么事同样被自己的父亲羞辱过。只有在寻求心理治疗的情况下，他才可能会回忆起在他小时候所发生的事情。仅仅忘记早期创伤和早期忽视并不能解决问题。在我们与他人的关系中，尤其是在我们与孩子的关系中，过去总是会"追赶上"我们。（Miller, 2001, p.124）

关注我的反应或我与他人的互动有助于我理解自己的感受，让我对看似混乱的局面有一种掌控感。这样我就能够决定我将如何行动或互动，而不是简单地对无意识的古老记忆、联想或在最意想不到的时候突然"蹦出来"的痛苦做出反应。这是我为了发展自我意识而做的事情。简单地说，它对我有好处！我最喜欢的作者勒纳将自我反思描述为"自爱"（self-loving）：

焦虑，就其本质而言，会让你对自己这个复杂的、美好的、有缺陷的、不断变化的人失去客观的认识。当你不能客观地看待自己时，你也不会客观地看待别人……没有人是完美的，我们都可以从自己的努力中受益。自我观察、反思和改变基本上都是自爱的表现。（Lerner, 2004）

儿童对环境缺乏掌控

我一直很好奇是什么让我去自我反思。这真是令人着迷。试图找出答案的过程就像是读一部侦探小说。我喜欢深入探究为什么我会成为现在的我，以及其他人为什么会以他们的方式行事。

现在回想起来，我想我之所以有这种好奇心是为了让自己对生活有一种掌控感。生活中有很多事情是我无法控制的。例如，当我还是个孩子的时候，我无法控制父母离婚以及他们各自再婚，我不得不和继父（而不是生父）在一起生活。我也无法控制自己在家里的地位，我的家里有5个孩子，我是老四。每个人都是我的同母异父的兄弟姐妹。孩子们无法控制这些生活事件。他们在各种情况下被推拉撕扯着，形成了独特的生存方式。我就是那样的孩子。我培养了自己敏锐的观察力，这样我就能知道人们是如何看待我的，我需要做什么才能取悦他人，这样我才能融入他们，并被他们接受。简而言之，我尽我所能地让人们爱我。

我觉得自己不属于任何地方，而是一个外部的观察者——进行倾听、观察和解读。事实上，正是这种解读的行为给了我一种控制的错觉——一种权力的感觉，而实际上，我是无力的。这就好像是我知道别人对我的看法和感觉，因此我就可以知道如何以我认为别人想要的方式行事，对此我感到安全。这种对他人的高度敏感成为我以后工作中的一个重要技能，我已经能够很好地利用它。但还有另一个更让我痛苦的方面，我会觉得我应该为其他人的感受负责，尤其是我一次又一次地被告知："当我情绪化地表达自己时，我正在摧毁我的母亲，会让我的继父讨厌她。"我让别人产生了这种感受——这一切肯定都是因为我这个无所不能的小人物！当我为了弥补无助感而产生有控制感的幻觉时，我把同样的感觉转化为对自己的不满，让自己感觉很糟糕，因为我似乎要对别人的情绪负责。

多年以后，在接受心理治疗时，我才如释重负地意识到，我并没有这种神奇的、了不起的力量（不管是好还是坏）。事实是，在我还是个孩子的时候，我生命中那些重要的成人应该对他们自己的感受负责。当我的妈妈对我说"你在毁了我"或"你在烦你的继父"时，她只是为了阻止我情绪化地表达自己，并不是因为我所做的事情有什么实际的意义。事实上，一个小孩子发脾气并不能摧毁任何人。小时候，我认为是我导致父母生气、焦虑或悲伤。随着年龄的增长，在我的人际关系中或者我与同事的交往中，我也有这种倾向性。正如小孩子会学习生理上的生存技能一样，我们在生命早期就学习了情绪和情感方面的生存技能。

我们通过观察生活中的重要他人如何应对恐惧和压力，以及自己的不断试误，无意识地学到了很多知识。我们学会了如何在家庭和社区中生存。我们的生存有赖于做正确的事情，以便我们关心的人喜欢我们。我们周围的成人通过表扬、责备和沉默来教给我们什么是安全的，什么是危险的。非言语的交流是微妙的。它可能是一个绷紧的嘴唇、一个愤怒或焦虑的眼神，或者是身体的轻微移动、一只脚不停地抖动。孩子们很快就能学会区分哪些非言语的线索是可靠的，哪些是不可靠的。除非我们明确表达自己的意思，否则孩子们就会根据自己的感受做出假设。（Jacobson, 2003, p.44）

我们小时候是如何被管教的

当我为早期教育专业人士举办有关幼儿行为管理的工作坊时，他们分享了自己在成长过程中被管教和约束的方式。一些惩罚包括：被人说"不好"或"闭嘴"，因为孩子不允许参与成人的谈话；被"冷眼"看待；挨巴掌打、挨藤条打、挨皮带或木勺打；听到贬低的话，如"你怎么这么笨？"或被说"女孩不够聪明"；被迫用肥皂洗嘴巴，被迫跪在大米上；被关到房间里；不能吃甜点或晚餐；被人拧、推或拽着胳膊；被人扯头发；在"顶嘴"时被扇耳光。一些人描述说，他们不得不跑到后院，以避免继续挨打。近20年来，在我执教的儿童发展课上，当学生（无论是参加工作坊的专业人士还是在大学上课的学生，无论是年轻的还是年长的，无论是富有的还是贫穷的，也不管他们的文化背景是什么）被问及他们在童年是如何被管教时，他们都描述了类似的经历。这个惩罚清单多年来一直保持不变。我逐字逐句地写下大家的每一个表达，然后让他们看这张清单，并说说这张清单让他们想到了什么。

当他们看着写在黑板上的惩罚清单时，房间里一片寂静。当我问他们对自己所说的有何看法时，他们无一例外地都提到了"虐待"。有些人是愤怒地大声说出来的；有些人是在无声地表达，或者是像耳语一样悄悄地说出来，好像不希望被人听到。有时,"虐待"这个词会伴随着紧张的笑声。作为儿童的照护者和教育者,大声地说出这个词可能会有一种羞耻感,即使这些事情发生在他们还是孩子的时候——这些事情是他们无法控制的,他们曾经受到责备,但不应该受到责备。

我想起了最近参加我主持的工作坊的一位年轻女士。她告诉我,当她还是个孩子的时候,她的母亲来到学校,拽着她的头发,拖着她穿过大厅。因为有人向她的母亲告状,说她表现不好。这位年轻的女士发现很难以一种同情的方式对待自己的小女儿。事实上,她甚至无法想象善良如何能在管教孩子方面起作用。当我建议在给孩子擦鼻子之前要提前告诉他们时,她非常气愤。当我描述我蹲下来、与孩子的视线齐平后说"我现在要给你擦鼻子了",而不是毫无征兆地走过去直接给孩子擦鼻子时,她变得激动起来。她打断了我,大声地说道:"哦,对!就像我在给4岁的女儿擦鼻子之前提醒她一样!我认为这样不对!"然后她继续给我们讲她的母亲如何拽着她的头发,拖着她走。

一名学生最近描述了她小时候的经历。如果她在公共场所捣乱,她的母亲会偷偷地掐她。有一次她和母亲及一个朋友在商场里。她的母亲误把那个朋友当成女儿,掐了一下。她的母亲立即给朋友道歉。分享这个故事的学生是一个20多岁的女士。她特别生气,因为她的母亲从来没有像给朋友道歉那样给她道过歉。她发誓说,如果自己将来有了孩子,决不会这样对待自己的孩子。

我们怎么能想象这样的早期惩罚经历不会影响成人教育孩子

呢？有些人可能会重复对孩子做同样的事情，因为他们相信这是有效的。他们感到受挫是因为教育政策决定了不同的管教策略，就像在我的工作坊里，有个女士曾被拖着穿过学校的大厅。有些人可能会做出不同的决策，改变他们未来为孩子设定界限的方式，就像我班上的那个学生，她被悄悄地掐了一下，却从未得到过道歉。我们最早的情绪记忆会伴随我们一生，并影响我们在某些情境下的感受，而这些情境会让我们想起在小时候自己是如何被他人对待的。

当我们开始反思成人对我们的管教以及自己的童年时代时，重要的是要确定自己的痛苦或恐惧经历与那些让我们不舒服的行为之间的联系。最近，我偶尔听到一位同事兼幼儿教育方面的专家说她不喜欢儿童的幻想游戏（fantasy play）。当她进一步思考这个问题时，她觉得这也许与她在第二次世界大战期间长大的经历有关。当时她的生活很严肃、很危险、充满压力。对她来说，在那些可怕的时候玩幻想游戏显得很轻浮、不合时宜。而对其他人来说，幻想游戏可能是一种安慰，可以让他们从周围令人不安的现实中逃离出来。

有些孩子似乎比其他孩子更敏感，或者更有韧性。我知道，当我还是个孩子的时候，我深受一两件事情的影响——我做了错事，受到了严厉的苛责。例如，55年后的今天，我仍然能想起自己四五岁时被迫用肥皂洗嘴巴，甚至清楚地记得肥皂的味道。那时我的哥哥姐姐教了我一些充满侮辱性或攻击性的词语。后来有一天，我在公共场合说了这些词语，于是我受到了惩罚。我必须说，用肥皂洗嘴巴是相当可怕的，直到成年后我仍然不敢说这些词语。即使是现在，当我使用这些词语时，我也感到很不舒服，并有一点犯罪感。

管教只是影响成人行为的一个方面，但它是构成整个自我谜题的重要拼图。如果我们不听从父母的话，我们不仅会受到惩罚，还会害怕被遗弃，这对年幼的孩子来说是很可怕的。在我们年幼时，我们极其渴望得到大人的爱、认可或赞同。正是这些大人，教会了我们什么是危险的，什么对我们的情绪生存至关重要。他们与我们分享的大部分内容对我们学习社交技能来说是必不可少的，这样我们才能在社会中成功地生活。他们也给我们传递了自己的恐惧和焦虑，这与我们是谁、我们出生的时代或社会阶层无关。例如，对于一个在贫困环境中成长的孩子来说，其情感生存体验与在富裕环境中成长的孩子是不同的。同样，那些过去在情感和生活上挣扎求生的人与那些生活安宁的人，在抚养孩子时会有不同的焦虑和担忧。

确认我们的感受

只有了解真相，我们才能获得自由。只有这样，我们才能摆脱年幼时的恐惧和焦虑，摆脱因不知道自己的过错而受到的责备和惩罚，摆脱对叛逆的恐惧，摆脱摧毁了许多人的生活、使他们

成为童年奴隶的令人沮丧的焦虑。（Miller，2001，p.9）

　　了解我们的情绪历史需要时间。我们可以在经历某些事件的时候就感受它，也可以在和孩子一起时感受它。把这些感受和体会写下来，然后反思这些事件，有助于我们理解为什么会有这样或那样的情绪，感受相关情绪的强度，或者互动和策略的效果。我们需要描绘出自己的情绪发展故事。向自己提问是与情绪历史建立联系或深入了解情绪历史的一种方式。例如：我们是从哪里学到的？我们理解了什么？我们是如何解释善良、勇气和同情的？

　　对我来说，"我是如何学会善良的"一直是很吸引人又很神秘的一件事情。我记得我是通过观察家人或陌生人的行为，观察其他人或者直接观察自己来学习的。人们对我说的话没有他们的行动那么重要，我当然不信任那些说一套做一套的人。对我来说，"言出必行"是很重要的。随着年龄的增长，我意识到生活比我一直认为的要复杂得多。人们常常深信自己说的话，尽管他们因为各种各样的原因而无法实现它，这些原因包括害怕亲密、焦虑、不知情或否认，或者仅仅是被困在一个阻碍他们发展的阶段之中。我不再把成人的不作为解读为与他们所说的相悖。

　　当成人探索自己的情绪发展史时，确认自己的感受是很重要的。当承认这些事件的发生和它们对我们的伤害时，我们就能够把这些事件公开并仔细进行检查。在认识的过程中，可能会经历几个阶段，包括对长期痛苦的愤怒，这源于我们发现自己小时候对父母的看法是错误的。这些阶段是必要的，使我们能够在以后原谅父母，并加深我们对他们的爱和感谢，因为他们本身也是复杂的人类。

我们否认自己的过程，就是假装所发生的事情不是真的，或者只是为了制造麻烦而编造出来的。因此，我们无疑会相信教室里的孩子也在编造自己的感受。如果连我们都不相信自己，我们又怎么能相信他们呢？很多成人都是受伤的孩子，被所爱的人和所依赖的人伤害或羞辱。当还是孩子的时候，我们对各种情况、事件和交往感到恐惧、困惑、羞耻、排斥、内疚、愤怒、悲伤、失望、嫉妒、沮丧、激动或喜悦。让事情变得更复杂的是，我们生活中的重要他人反复告诉我们，我们应该如何感受正在发生的事情。因此，我们学会了去怀疑自己的感受，或者在最糟糕的情况下，我们怀疑记忆中的痛苦事件根本没有发生过。尽管现在我们已经长大成人，这些经历对我们来说可能微不足道，但我们有权利承认童年时的痛苦经历。作为幼儿教师，我们有责任了解自己的感受。只有这样，我们才能确认孩子们的感受。

约翰·布拉德肖（John Bradshaw，1990）说："要学会相信你的记忆很重要。"当我们学会认同自己的感受和经历，父母的意图就与我们的故事无关。父母可能阻止我们哭泣，因为他们希望我们坚强，而且他们被教导要压抑自己的悲伤。所以，许多成人仍然需要学会通过哭泣和流泪来充分地表达自己。

相信我：很多被视为合法的养育方式实际上是一种虐待。如果你仍然倾向于轻视或合理化那些让你感到羞辱、被忽视的养育方式，你现在需要接受这样一个事实：这些事情确实伤害了你的灵魂。（Bradshaw，1990，p.77）

当我们做这种自我反思时，可能会感到震惊或害怕对家人不忠。即使我们只是在想自己，这些感受也会突然出现。另外，当我们与他人分享自己的故事时，更有可能出现一定程度的沮丧。在在职培训中，当学生或教师一次又一次地公开分享童年的痛苦经历或耻辱时，他们开玩笑地要求我不要告诉他们的父母。他们在观众席或教室里喊道："我希望你不要把我说的这些话告诉我的父母！"我很认真地对待学生们的诉求，并承诺我不会告诉他们的父母。我认真对待成人与我分享的他们最早的记忆（即使他们笑着讲述这些记忆）。任何程度的羞辱或童年时期的痛苦都是需要被严肃对待的。它会不可避免地在一个人的心里留下大大小小的疤痕，影响他的感知及与他人互动的方式。

认真对待这些事情是确认一个人的情绪和情感的一种方式。但我不相信我们能真正知道，站在别人的立场上思考是什么样的感觉。我们的生活经历、个性、记忆、文化历史或敏感性差别太大了。每个人都是独一无二的。我们可能对他人的经历有所了解，但永远不可能真正知道在特定的时间、情况下那个人是什么样子的。尽管如此，我们至少可以认真对待那些讲述个人故事的人。我们可以相信他们，即使他们所描述的事件听起来是不可能发生的。我们要相信这样的事件是真实的，即使它们可能超出我们的经验范围——也就是说，它们不可能发生在我们的身上。

一个不会结束的过程

确认我们的感受或认真对待我们的情绪记忆会使我们能够倾听自己。当梳理自己的感受、行为和记忆时，我们会像其他人一样批判性地分析它们。我们观察自己，开始注意自己的感受，问关于自己和他人的问题。这不是一次性的事件。它正在进行中，可能会永远持续下去。当我们与孩子及其家人打交道时，它总是伴随着我们。

大约在我开始写这一章的一个星期后，我在院子里耙树叶。那天风很大，天很冷，我的工作变得相当吃力。风把树叶吹得漫天飞舞，我艰难地在风中穿行。我一边干活，一边思考我所写的东西。我的思绪飘来飘去，似乎无法控制——就像那些旋转的树叶。我想这就是思想运作方式的常态——从一个想法到另一个想法，然后联想到记忆中的内容，让我们想到别的事情，又想到别的东西。当耙树叶的时候，我感觉我的思维好像没有直接的或有组织的顺序。然而，不知何故，当我后来再回忆起这些想法的时候，我发现我能够弄清楚自己如何从观察打旋的树叶发展到理解我小时候与母亲的关系。事实上，这种感觉有点像得到一种启示，就像得到一个以前从未如此清晰的想法。当然，我在过去已经多次思考过我与母亲之间的关系，但这一次似乎有所不同。我想起了 T. S. 艾略特（T. S. Eliot, 1943）的一首诗中的几句话：

> 我们的探索永不会停止，
> 而所有探索的终点
> 将是我们最初出发的地方。
> 那时，我们将首次真正认识这个地方。

突然，在我把树叶堆成一大堆的过程中，我的内心充满了悲伤。我痛得几乎弯下腰，停下了手中的活，靠在耙子上，哭了几分钟。当时我突然想到，在我还是个孩子的时候，我非常爱我的母亲。我很喜欢她，我喜欢她的样子和她身上的味道。我特别喜欢她的手，在我看来，那是我见过的最漂亮的手。事实上，当我 8 岁的时候，我的母亲正在医院生我的弟弟，我执意只和她的一个朋友住在一起。我之所以这样要求，是因为她的手非常像我母亲的手。当我抓着耙子在那里哭的时候，我意识到自己想念母亲已经有很长的时间了。

我们之间的关系一直不太好，有很多艰难的时刻。但是，我一直都爱我的母亲。我意识到我一直觉得我不是她最爱的孩子。更重要的是，我觉得她好像想去别的地方，或者和其他人在一起，而不是和我在一起。我唯一能形容这种感觉的方式就是把她比作一个情人,当她和我在一起时,她总是梦想着和别人在一起!当我感到童年的痛苦突然涌上心头的时候,我立刻意识到,在我的个人生活中,我选择的那些伴侣给我的感觉与我的母亲给我的感觉非常相似:不深爱,可有可无。因此,我经历了一段又一段失败的婚姻。这几乎就像是我需要一遍又一遍地重复那种感觉——渴望得到某人的爱,但得到的却不如我所愿,或者我爱某人,但他们的爱却不如我深。这真是令人震惊的发现!

现在回想起来,事实上,我的母亲并不是有意不关注我。我的家里有5个孩子,我是老四,在我的母亲第三次结婚前不久出生。当我出生的时候,她的生活中充满了复杂性和焦虑。在我4岁的时候,她再婚了,她的大部分精力和注意力都集中在她的新婚姻和家里最小的孩子身上。此外,我的母亲还在照顾我的哥哥姐姐,并要协调与两个前夫(我的父亲及我哥哥姐姐的父亲)之间的关系。我无意中掉进了这个时间的缝隙里。对我来说,在那段时间里,我的母亲无法给予我足够的情感回应和陪伴时间。但现在,作为一个成人,这种理解帮助我原谅我的母亲。她并不是有意让我有那种感受的。在那样困难的条件下,她已经尽了最大的努力。我现在意识到她是爱我的。只是她当时的生活状况和压力阻碍了我们之间的关系!

我童年早期与母亲的关系不仅影响了我个人的生活选择,也影响了我与别人的孩子的关系。我理解了为什么我总是关心那些被边缘化或不被爱的孩子。更重要的是,我一直很擅长管理那些被许多教师认为有问题的孩子。不知是什么原因，我能够理解他们的痛苦、渴望或被排斥的感觉。当我在院子里耙落叶的时候，我突然明白了这一点，这让我大吃一惊。在 58 岁的时候，我以为自己已经解决了母女关系中的大部分难题。我从 20 岁出头就开始研究自己（无论是从个人的角度还是从专业的角度）。在那一刻，我意识到还有更多的东西需要我去发现。研究自我需要时间——这也许是一个永恒的话题！

有的时候，我们会迅速取得进展和获得启示，意识到发现了新的自己。有的时候，我们可能会倒退，回到旧的行为模式和感觉中。这种感觉是令我们舒服和熟悉的，因为它们是我们已知的所有生活状态。我们来来回回，发现、理解、再次倒退——尤其是当我们遇到难以克服的痛苦或羞耻的记忆时。然而，我们越是发现和面对自己，就越难否认或忽视我们已经学到的东西。自我改变是不由自主地发生的！更重要的是，当我们指导自身的行为或选择如何与我们所照护的孩子互动时，我们的决定会变得更有意识、更有意向性，也会更清晰。

行动起来

自我人种志

研究自我是一个深刻的个人探索过程。没有人能告诉你如何揭开童年早期的记忆，或者应该与当前的状态建立哪些联系。做这个事情没有正确的方法，也没有规定的时长。每个人在基因构成和生活经验方面都是独一无二的，在发展生存技能或防御机制方面也是独一无二的。

通过观察我们与孩子的互动，并注意到那些让我们感到最不舒服的行为或情绪状况，我们能够开始觉察自己从小形成的情绪基调。要对我们的内心感受进行详细而深思熟虑的解释，我把它称为"研究自我"。我建议我们成为自己的观察者！换句话说，我们成为自己情绪的研究者。当我们有意识地观察和注意自己与他人的互动或让我们不舒服的事情时，我们就在收集关于自己的资料——就像研究人员所做的工作。之后，我们可能会发现一些反复出现的主题或小时候发生的事情与我们在教室里和孩子相处的情况之间的联系。这让我想起了一种叫作"人种志"的研究。这种研究类似于民族志领域的研究，观察者需要融入被观察者的文化。所以，从某种意义上说，我请你们对自己进行一项"自我人种志"的研究，你们参与其中，因为你们收集的资料关乎自己的情绪文化和历史。

让我们一起来看看我帮助自己意识到心理情绪的一些方法。

写作。作为自我人种志的一部分，我发现写下我在情绪紧张或有压力的情况下的感受很有帮助。例如，如果孩子喊道"我恨你！"，一些成人可能会感到很受伤，受到了侮辱，很愤怒、生气或害怕。孩子说的这些话和说话方式可能会让我回想起自己因为说脏话而被迫用肥皂洗嘴巴。孩子的这些话可能与我的童年记忆直接相关。我可能会觉得受到了伤害和侮辱，就好像自己此时回到了三四岁的时候。作为一个自我观察者或研究者，你可以拿出一个记事本，快速记下一些感受或记忆，以便以后更深入地进行反思。

访谈别人。在人种志研究中，研究人员会对参与者进行深入访谈。当探索自己的情绪发展过程时，我经常问自己有关自身行为的问题。有时我甚至会大声地问！我记得有一次，只是因为我想让一个孩子在户外游戏时间结束后进屋，她就对我说她恨我。我感到很受伤，也有点害怕。当我问自己为什么会因为一个孩子说的话而感到被冒犯时，我意识到我的反应就好像我是一个4岁的孩子，而不是一个32岁的成人。我立刻重新调整，记着我是她的老师，要发挥指导的作用，而不是把她说的话当成对我个人的攻击。于是，我把她抱在怀里说："哦，我能感受到你强烈的情绪。现在我们要进屋了。"

访谈父母、兄弟姐妹和大家庭中的成员是另一种探索的方法。它可以用来探索情绪表达是如何被不同代际的人所感知或接受的。例如，当我读研究生的时候，我上了一门哀伤辅导课程。老师要求我们采访自己的父母，了解他们处理悲伤的方式。我从美国飞回以色列，特别想问我母亲这方面的问题。她描述了当她失去某人或感到悲伤时，她会立即穿上"钢铁盔甲"来掩盖自己的感情——打个比方说，挺起胸膛，让自己变得坚强而忙碌。听了她的描述，我仿佛看到了自己。当时，我需要让自己承认并哀悼自己的巨大损失，但我并不明白是什么在阻碍我。在我们会面和交谈之后，我能够放下自己的"钢铁盔甲"，而这似乎是我从母亲那里继承来的。我让自己沉浸在情绪的洪流和哀伤之中，处理多年前拒绝处理的过往。

倾听家庭成员讲述他们的情绪故事，可以让我们了解父母为什么或如何强调某些方面的行为，而其他方面对他们来说不那么重要。我们开始发现，他们的反应并不总是与我们所做的事情有关。他们的愤怒往往与我们的行为无关。相反，这关乎他们对自己童年经历的恐惧或羞愧。意识到这一点，我们就可以发现，如果我们承认自己的错误或承认自己错误地表达了愤怒，那么我们就能帮助到孩子。这有助于确认他们的困惑，从而印证我们感受的结果。如果一个孩子感到困惑或不理解为什么大人如此愤怒，他很可能会为这种愤怒承担责任：他会觉得自己天生就是坏的，即使从一个成人的观点来看这是没道理的。当我们表明，我们知道自己的角色是什么时，孩子就不用为我们的行为负责。我们可以示范对自己的感受和行为负责，允许孩子对事件有更现实的解释。

绘画。在以色列，当幼儿一大早进入我的教室时，他们会发现桌子上放着一篮子油画棒和纸。如果他们想画画，马上就可以拿起画笔和画纸作画。当他们刚刚与梦想相遇，或者因生活中重要他人的荒唐行为和互动而感到困惑时，他们会在柔和、魔幻的色彩和创造性媒介中，通过表达找到安慰。我注意到一两个孩子叹息着，旋转着油画棒，画出他们潜意识里的各种形状和图案。有时他们从一开始就知道自己想画什么，有时他们画着画着才发现画的是什么。如果他们把作品拿给我，我们就会一起聊聊。我会说："看看你的画，告诉我你看到了什么。"在他们讲画的时候，我会引导和支持他们发现，倾听他们真实的和想象的生活故事。有时，我会问"你喜欢你的画吗？"，然后问"为什么喜欢？"或者"为什么不喜欢？"。当孩子们讲得差不多时，我会让他们选择："你可以把它挂起来，或者带回家。你也可以把它扔掉，或者送给我……"不管孩子们做出什么选择，我都想知道他们为什么做出这个决定。他们大多都知道原因，并会马上告诉我。有时他们会陷入沉默，不说话，那么我也会尊重他们的选择。

1987 年的夏天，我应邀去美国学习。我那时在以色列教育部做幼儿教师，刚开始休假。那时，我的第二次失败的婚姻也即将结束。对我来说，一切都在改变。巨大的、广泛而深刻的变化在我的头脑中盘旋，穿过我的心，围绕着我的生活。自我厌恶的想法和无价值感开始发生着微小的变化，但我的内心感觉就像地震一样发出了轰隆隆的声音。当时，我正在参加一个女性互助支持小组，这个小组是由一位富有洞察力的、精力充沛的女士组织起来的。多年来，她也是我每个工作日上午的网球搭档。有一天，她拿出一些大纸和油画棒请我们来画画。我们可以画任何我们喜欢的东西。当时我感觉有点担心，因为我不是艺术家，不知道画什么或者怎么画。我开始用油画棒在纸上来回涂抹，一开始是小心翼翼的。不久，我全力以赴地开始构图和绘画，使用了所有能用的颜色。

当我完成我的作品后，我坐下来，惊讶地盯着画。我画了一只巨大的、色彩鲜艳的鸟。它的眼睛睁得大大的，展开翅膀，从一个金色的笼子里飞出来。鸟笼的门被猛地打开了，这只彩色的鸟飞了出来，飞上了天空。在绘画前，我没有计划画这样的内容。这是在我画画的时候自发形成的。当组长注意到我在盯着自己的画时，她喊道："你要走了？！"其他人围了过来，我们都聚精会神地看着这幅画。我感到内心深处的某个地方在隆隆作响，我抬头看着她们。她们用惊讶而支持的眼神回望着我。我紧紧地抓住她们的目光，开始上下点头。"是的，"我低声说，"我想是的。"不到一年，我就离开以色列去了美国。

有时，当我从梦中醒来，我想我应该拿出画笔，就像许多年前我教室里的孩子那样，用柔和、生动的色彩，画出我灵魂的影子。然后，几乎是在一种梦境中，我跌跌撞撞地进入书房，打开电脑，找到我的个人网站。当我的手在键盘上"舞动"时，我深吸一口气，从我的潜意识和记忆中创造出一些内容——有时从一开始我就知道自己想说什么，有时则是在写作过程中逐渐发现自己想要表达的内容。

现在，作为一名教师教育工作者，我让教师们做同样的练习。他们可以画任何自己喜欢的东西。我会使用一组特定的问题，就像我对孩子使用的问题一样，帮助他们谈论自己在画中看到的东西。他们描绘未来的计划、破碎的梦想、长期失去的童年记忆、思念亲人的痛苦故事,以及他们认识自己的不同方法。有时他们会哭。还有一两个学生说自己顿悟了,这对他们的个人发展很有帮助。多年后,我教过的一个学生在给我的一封电子邮件中写道:"在我上过的一节课上,你让学生们带来油画棒画画。对我来说,那是一个不可思议的学习时刻。我想和我的同事一起做这个练习。我还记得当我们把自己的画挂在墙上后,你问了我们一些问题。但我找不到你问我们的问题了……这是一个很好的练习,我的同事可以从中学到很多。"

下面是我经常和学生讨论的内容:

- 看着你的画,告诉我你看到了什么。
- 你一开始就知道这就是你想画的吗?
- 你什么时候开始意识到你要画什么?
- 请看这里(画的一部分),你能不能多讲一讲?
- 如果这些鸟、花朵、树或岩石是人的话,他们会是谁?
- 人在哪里?
- 你在这张画的哪里?
- 现在看看你的画,你喜欢它吗?
- 你喜欢或不喜欢它的哪一点?
- 如果你能改变一些东西,你会做什么?
- 画完后,你可以把它挂起来,或者带回家,你也可以把它扔掉,或者留给我。你打算怎么做?

- 对于你在画中看到的东西,你还有什么想告诉我们的吗?
- 谢谢你和我们分享你的画。

当然,我会添加不同的、更具体的问题,以帮助每个人更深入地探索自己的画。在这个练习过程中有一些规则。在听别人描述画时,不允许评论、欢呼、鼓掌或者笑。学生们的角色是支持者,是听众。没有人会被强迫谈论自己的画。学生们都是自愿地聊一聊自己的画。当你提出深入的问题时,要给学生(或你自己)足够的时间来思考答案。当他们思考该说什么时,不要害怕沉默。最后,不要做出"画得好!""你真是个伟大的艺术家!""哦,多漂亮的一幅画啊!色彩多么明亮!""我看见一辆车、一棵树、一朵花、一所房子"之类的评价和价值判断。当学生创作作品时,你无法真正理解他们的思想和心灵,所以不能擅自解释他们创造的图像或符号的意义。

得到治疗。接受心理咨询或治疗的过程能够让我们更好地研究和认识自己。几十年来,我一直接受各种各样的治疗。一些治疗师已经成为我有意义的自我改变的催化剂。另一些治疗师可以支持我,但不一定有效,因为他们陪着我进行自我探索的旅程。对我来说,重要的是治疗师要有幽默感,与我的幽默感相匹配。因为多年来,笑声一直是帮助我应对生活挑战的东西。当然,咨询师和治疗师不能创造奇迹。他们无法改变任何事,除非一个人是开放的,愿意探索、面对并改变自己。

第五章 说出自己的童年创伤

我总是发现，当一个治疗师对我不加判断、很真诚地对待我时，我就能和他建立一种信任的关系。一旦在情感上感到安全，我就能发现并分享自己感到不舒服的、脆弱的方面或弱点。事实上，我很愿意找到机会去研究和了解自己，即使有时这会让我感到不舒服或痛苦。这几乎就像每次发现自己之前未曾意识到的部分时，我都会看到自己新的、不同的一面。解开这些线索，意识到早期童年经历与现在的态度、行为或情绪之间的联系，是令人兴奋的。

最近，我收到了一位同事的电子邮件，她和我一样是一位教师教育工作者。她读了我写的《直面我们的不适：为童年早期的反偏见扫清道路》一书后给我写邮件。我在书中建议将心理咨询作为教师理解自身偏见的一种方式：

把心理咨询作为教育培训的一部分是一个有趣的概念。我拥有教育和咨询方面的背景，我经常反思我的咨询背景对我作为一名教师有多么大的帮助。它也极大地帮助我过好自己的生活，以及培养我与生活中重要的人（尤其是我的丈夫）进行沟通的能力。我经常对大家说，我认为每个人都会从心理咨询中受益，但这让我收到一些奇怪的反馈。因为很多人认为必须是自己有重大的"问题"才能去接受心理咨询。在此，我想要声明的是，我从来没有想过把它作为教师教育培训的必要组成部分。

阅读和学习。有些人更喜欢通过阅读书籍、参加工作坊或参加支持小组来了解自己。我知道,之前读过一本书,在多年后再读一遍,能发现不同的、新的东西。同样,当我重读过去的一些日记时,我对自己是如何改变的非常惊讶,或者从另一方面来说,我也没有发生太多的改变!

我发现,当我把这种类型的反思看作对自我的研究时,我就不会集中在我的情绪是不是健康上。每个人都会有不同的情绪和表达情绪的方式。这就是为什么我们都是多样的、复杂的,又是有趣的。想要更好地了解自己,并不是什么奇怪的或不利于健康的事情。我建议应该更进一步,如果我们打算有意识地与孩子互动并建立良好的关系,我们有责任更好地了解自己。

结　　论

我在很小的时候就学会了表演。因为从我18个月大开始,我就和伊莱恩·阿奇博尔德(Elaine Archibald)一起学芭蕾舞。从那时起,直到我10岁左右,我每天都会去上芭蕾舞课,参加音乐会。我梦想有一天我会一举成名,在考文特花园皇家歌剧院的舞台上跳舞。妈妈会告诉我我多么有名,她会坐在特别的观众席上看我跳舞。在我10岁的时候,我的芭蕾舞生涯结束了。因为我贫血,也没有太多的时间去跳舞。当我写下这些文字时,我才意识到为什么我最近对一名学生的态度如此坚决。她在课堂上说，在她出车祸之前，她一直学习芭蕾舞和爵士舞。现在她打算从事教育事业。我问她身体状况是否良好，是否可以跳舞，她用力地点点头，但她说自己再也没有信心了。我变得非常激动，大声说她必须重返舞台，要追随自己的内心。我甚至希望自己能说服她，让她在教学期间重新开始跳舞。嗯……我想知道……我真的是在说自己吗？（2006年1月，个人日记）

把早期的情绪记忆与让我们感到不适的情境联系起来，有助于我们在互动中变得更有目的性。研究自我是很好的探寻内在自我的方式。这是我的责任，作为一名幼儿教师，我应该知道为什么做我所做的事情。这让我更具有专业性，当利用儿童发展知识和自我理解来做决定和采取行动时，我就不会那么容易伤害或羞辱我所照护的孩子。这并不意味着我不是自发行动的。我可能会发现自己行为异常，甚至是拖延，这是为了弄清楚我的哪些行为是无意识的。当我习惯与自己沟通，并用有意的行为来整合这些感觉时，我能更好地"在行动中进行自我反思"。有时我会发现自己在想"啊，那种似曾相识的焦虑又来了，又来困扰我了。来吧，你今天是要教我或提醒我什么呢？"，而这个时刻可能就是孩子发脾气、打架或对我大喊脏话的时刻。

当我还是个孩子的时候，我会在长时间的服从和顺从之后发脾气。就好像有什么东西"啪"的一声折断了，我需要打破自己善良的外壳！我的母亲会变得非常沮丧，并说我毁了她，我让继父非常生气。她对我激怒继父的焦虑会让我完全停止下来,我会立即控制自己,然后开始道歉。之后,我会在家里留下小纸条,不停地道歉,乞求原谅,或者保证我不会再做坏事。这种模式一直重复到我十几岁。我不记得我的母亲接受了这些纸条,接受了我的道歉。我觉得我是一个非常坏的人——是一个有害的、有破坏性的人,给每个人都带来了麻烦。这些感觉一直伴随着我,没有得到缓解,也没有得到救赎,直到我成年后很长的一段时间,我终于能够向我的治疗师来揭露它们。

直到今天,我都对发脾气的孩子格外耐心和宽容。我尽我所能地帮助他们克服痛苦和羞辱的感受。就好像我一次又一次地试图通过他们来救赎自己。当孩子发脾气时,当他们表现出痛苦、恐惧和困惑时,我会看着他们的眼睛。我从他们的眼睛里看到了自己,或者是一些人所说的"原始的自我"(Bradshaw,1990)。一方面,这让我在帮助这些孩子时无所畏惧,从而很有效地帮助他们。例如,当我是儿童照护中心的主任时,老师们会叫我去帮助他们对付发脾气的孩子。但另一方面,有时我的效率一点也不高,因为我发现我在过度补偿自己痛苦的记忆。在下一章,我将讨论我用什么策略来帮助孩子度过发脾气的时刻。需要提醒读者的是,我只能根据自己的童年生存技能和生活经验来建议大家该怎么做。我的做法可能对你不起作用。

我们选择如何进行这种类型的自我反省并不重要。重要的是,我们真的要接受它。布拉德肖警告我们,如果我们不解决自己过去未解决的问题,那么我们可能会侵犯孩子的自我意识。

我认为任何侵犯一个人的自我意识的行为都是暴力……在我的定义中,当一个更强大、更有知识的人破坏了一个对他来说很重要的人的自由时,暴力就会发生。毫无疑问,我们暴力地把孩子带到这个世界上,殴打、折磨、监禁他们,让他们挨饿,或在道德上腐蚀他们。其他形式的暴力就不那么明显了。比较明显的暴力是把孩子带到这个世界上,以及在情感上抛弃他们……拒绝设定界限……将他们作为你愤怒和羞耻的替罪羊……拒绝解决你过去未解决的问题。(Bradshaw, 1992, p.44, p.46)

当我们考虑如何最好地引导和促进儿童的社会情感发展时,我们也要致力于解决自己的情绪问题。这是我们的责任。

参考文献

Bradshaw, J. 1990. *Homecoming: Reclaiming and championing your inner child*. New York: Bantam Books.

———. 1992. *Creating love: The next great stage of growth*. New York: Bantam Books.

Eliot, T. S. Little Gidding. In *Four quartets*. New York: Harcourt, Brace, 1943.

Jacobson, T. 2003. *Confronting our discomfort: Clearing the way for anti-bias in early childhood.* Portsmouth, N.H.: Heinemann.

Jones, M., and M. Shelton. 2006. *Developing your portfolio: Enhancing your learning and showing your stuff.* New York: Routledge, Taylor and Francis Group.

Leavitt, R. L. 1994. *Power and emotion in infant-toddler day care.* Albany: State University of New York Press.

Lerner, H. 2004. *The dance of fear: Rising above anxiety, fear, and shame to be your best and bravest self.* New York: HarperCollins.

Miller, A. 2001. *The truth will set you free: Overcoming emotional blindness and finding your true adult self.* New York: Basic Books.

Posner, G. 2005. *Field experience: A guide to reflective teaching.* Boston: Pearson.

第六章　可以管教，但不能惩罚

> 你不要用伤害来教育我。
>
> ——萨布丽娜（Sabrina，本科生）
>
> 我们每天都需要一个吻。
>
> ——安杰利克·基乔（Angelique Kidjo）

昨天，我开车去上班，一边听着音乐，一边欣赏着路边秋叶绚丽的景色。我突然对自己作为一个成年人的意义有了深刻的理解。我不再责怪别人，不再生气，我觉得自己是一位大师，掌控着自己的选择，觉察着自己的态度。我如何感受取决于我自己，而且只取决于我自己，没有人能让我有这样或那样的感受。我可以选择感觉自己很糟糕，觉得自己一文不值，觉得自己不配有所得，觉得自己可怜，觉得自己是受害者。我也可以选择感觉自己很不错，是一个有缺点、弱点，但也有长处的人。事实上，我要对自己的行为、感受和思想负责。没有我的允许，谁也不能强迫我做什么或感受什么。与此同时，我意识到在拥有选择的特权之后，随之而来的是一种巨大的责任：做好事，对他人友善、宽容、理解，富有同情心。这是我们的责任，因为我们都是人。我们赞美人类的欢乐，感受人类的悲伤，只是因为我们都是相连的。

当我作为一个负责任的成年人，我的生活就有了意义和目的，而且有价值感。我意识到，那些关于管教的要求都与学习这个可怕的任务有关。我们必须对年龄小的孩子们有同情心，这样他们才能学会以有责任感的方式感到自己是有价值的，直到永远。不要误解我的意思——同情并不是软弱无力的，而是坚定、严肃的。它们让你停下脚步，把你紧紧包裹住。它们是严肃的，一遍又一遍地重复的，直到你明白为止！它们不会忽视或忽略你。它们是严格的、连续的、一贯的，又是强大的。无论你去到哪里，它们都会如影随形。它们告诉你大人有多关心你。同情心是深厚而广泛的。我们最年幼的孩子，很可能也是我们自己内心深处的孩子，需要大量的关爱与同情。

> 我们保证孩子们的安全，即使在最艰难的情况下也要让他们感受到爱。

不要用伤害来教育

孩子们爱自己的爸爸妈妈。那么，我们为什么要用伤害来教育他们呢？例如，当他们很小的时候，他们就通过模仿自己崇拜的成人学会了骂人。那么，为什么我们要用肥皂洗他们的嘴巴，把胡椒放到他们的舌头上，或者施加其他类似的惩罚呢？相反，为什么我们不能抱紧年幼的孩子，认真地、真诚地告诉他们我们爱他们？为什么我们不能告诉他们，当他们说脏话的时候，我们感到很不安？小孩子需要成人才能生存。他们需要我们认可他们，爱他们，用善良和同情引导他们，使他们变得有人性。想想那些天真的、对我们充满信任和渴望的、好奇的、淘气的、需要帮助的孩子，我们为什么要用伤害来教育孩子？

管教与惩罚

"管教"（discipline）一词的词根是拉丁语的"disciplina"——意思是教授或学习，也来自"discipulus"——意思是学生。当我看到"管教"这个词时，它让我想起"disciple"（门徒）这个词——意思是一个由导师引导的追随者。无论这些导师是神圣的人物还是历史人物，无论他们的故事是神话的还是现实的，在我看来，这些导师的特征都是相同的，他们是慈祥而坚定的。他们通过比喻、寓言和故事，通过树立榜样的教学方法来教育学生。他们宽容，不加评判。他们清楚地传达出自己的想法、信念和感受。当你听到"门徒"这个词的时候，你想到了什么？你想到的是惩罚你的老师还是宽容你的老师？

你还记得当人们被问及小时候是如何被管教时，他们回忆起的一些事情吗？挨打、被打屁股、跪在大米上；大人冲着孩子大喊大叫；用肥皂洗孩子的嘴巴；忍受被掐、扯头发或责骂的羞辱；大人使用侮辱性、贬低性或负面的词语来称呼孩子——这些都是人们说的虐待性的惩戒方法。我把这些行为称为"惩罚"，因为我认为管教和惩罚是不同的：管教是明确的、坚定的、有爱的，是关心、引导，主要是关于人们之间的关系的。管教对孩子很重要。它引导孩子成功地适应未来的生活。它引导孩子成为具有批判性思维和自我调节能力的世界公民。管教是尊重。孩子们受到管教的约束时会感到安全。然而，当他们受到惩罚时，他们会变得害怕、防御、怨恨和焦虑。

当想到管教和幼儿时，大多数人会通过自己童年早期的经历或目睹的惩罚来过滤关于儿童发展适宜性教育的知识。这就是为什么当我让成人分享他们受到管教的方式时，他们通常会给出一系列受到惩罚的方式。戴维·埃尔金德（David Elkind）描述了管教和惩罚之间的区别：

其中一个关于育儿和管教的概念是教育性的，即教孩子们学习社会交往的技巧和态度。育儿和管教的另一种概念是惩罚性的，即通过惩罚消灭不良的行为。我们对管教概念的理解很重要，因为它决定了我们如何看待和对待成人所认为的幼儿的不当行为。（Elkind，2007）

我们对惩罚与管教感到困惑。惩罚是这样的——"坐在角落里面对墙壁，直到你能做好！"管教是这样的——"在我们班，我希望这里的每个人都是安全的。当你威胁某人，朝他扔积木时，没有人是安全的。"多年前，当我担任儿童照护中心的主任时，我送给教师们一份节日礼物——一本小书，上面写着对幼儿教师的一些明智而幽默的教诲。其中有一条是，"惩罚是给罪犯的，指导是给孩子的"（Raines，1995）。我喜欢把管教当成指导来看待。

儿童是无力的

从孩子出生的那一刻起，大人就在掌控着一切，告诉他们什么时候做什么，怎么穿衣服，吃什么，吃多少，感受什么以及怎么感受。例如，我们让孩子们排队，告诉他们什么时候可以去洗手间。我们作为孩子生活中的重要他人，会为他们做出重大的生活决定，比如接受父母离婚或再婚，接纳兄弟姐妹，或者搬到新的城镇、国家、洲，转到新的学校。我们几乎不询问或允许孩子告诉我们他们对这些情况的感受。我们对他们大喊大叫，侮辱和羞辱他们，在没有征得他们的允许甚至是在警告他们的情况下，侵入他们的情感和物理空间。例如，我们不是蹲在一个孩子的面前，告诉他我们要擦他的鼻子，而是从他的后面过来，把纸巾摁到他的脸上，这样常常会把孩子吓哭。然后我们会说："你为什么哭？我得给你擦鼻子呀！"

成人决定选择什么样的课程材料，使用什么颜色的颜料，或孩子在每个游戏中活动多长时间。就像孩子们全身心地参与到一个项目或任务中，而我们要求他们转移到另一个游戏区。我们决定他们早上什么时候起床去上学。我们通常很匆忙，强迫他们适应我们的节奏和时间表。环境，包括家具、马桶、设备，甚至是电灯开关的高度，通常都是按照成人的需要来设置的。如果孩子们感到沮丧、焦虑、难过或悲伤，我们强迫他们大声唱歌、拍手，让他们面带微笑。当他们哭泣时，我们告诉他们要忍住泪水，否则会让他们做一些"真正值得"哭泣的事情。当他们笑的时候，我们警告他们："你最后还是会哭的！"

儿童是无力的。因此，他们只有自然而然才能发展出掌控自己生活的方式。我经常把孩子比作受压迫的人，因为他们获得控制的方式很相似——通过创建联盟和煽动小规模的反抗行动，或者变得具有攻击性、冷漠或操纵他人。一些人沉迷于幻想中，另一些人则发展出控制我们的方法。例如，许多年前，我邻居的孩子会把食物含在嘴里很长一段时间但不吞咽。她会坐在她的高脚椅上，两颊塞得鼓鼓的，看着她的母亲因为担心、沮丧和愤怒而变得歇斯底里。我认识很多不参加活动的孩子。他们坐着，身体变得很重，教师都无法移动他们。他们在自由游戏时间，甚至是吃零食的时间，拒绝和其他小朋友坐在一起。就像我邻居的孩子一样，他们似乎在耐心地观察着，而周围的成人却变得无助、担忧，他们不知道如何让孩子离开座位，也不能强迫孩子参与活动。有时似乎孩子们还有其他的方式来控制大人，比如何时、如何或者是否训练自己如厕。

当孩子们因为这样或那样的原因感到不被爱或不被需要时，他们就会寻求成人的关注。如何获得应得的关注对他们来说是难以捉摸的。他们无法控制父母或监护人优先要做的事情或者生活中的挑战，但他们仍然需要成人持续的、无条件的、支持性的爱。这是儿童可能想出的另一个掌控自己生活的方式。寻求关注可以有很多不同的形式，通常是通过消极或自我毁灭的行为来获得关注。教师告诉我："他这么做（不管是做什么）只是为了引起注意。"我的回应通常是这样的："那就找一些积极的方法来给他关注！"如果他为了引起你的注意而做了你无法接受的事情，那么他仍然需要你的关注！正是在这些孩子需要关注的时刻，我发现教师选择忽视他们，把这作为一种应对的有效策略。换句话说，我们从他们那里夺走了他们迫切需要的东西。当孩子们感到无助、被忽视或被排斥时，他们就很难体验到价值感，或形成坚实的、健康的自我认同。

我希望这里的每个人都是安全的

为了有效地引导幼儿，我们必须理解惩罚和管教之间的区别。重要的是要记住，孩子们对自己的生活几乎没有掌控权。为孩子们设定严格和一致的界限,是我们能够促进他们发展的最有爱的指导形式。这会教孩子们负责任,并且学会自我控制。更重要的是,这表明我们关心他们的幸福和未来。当我们忽视孩子们的行为举止时,这种忽视的、不干涉的态度对他们来说是破坏性的,就像殴打他们或强迫他们跪在大米上一样,都是不尊重孩子的。

管教是培育民主公民的关键。在一个民主的社会里,我们自由协商,未经允许不得侵犯他人的个人空间。我们制定的法律和规则是动态的、开放的,以适应时代的变化和社区公民的需求。我们认同言论自由是一项基本人权。同时,我们保证言论不会危及、侮辱、羞辱、冒犯或伤害他人。我们要学会对自己的行为负责,或者承担后果。

幼儿园教室可能是年幼儿童第一次接触同龄人的地方。在这里,他们将学习如何与他人协商,并学习如何不侵犯别人的私人空间。教师——教室的领导者应以最大的尊重为孩子们的交往做出示范。孩子们会不停地看、听和模仿生活中的重要成人,因为这是他们学习的方式。

在我的教室里,我有一条规则:我希望这里的每个人都是安全的。孩子、教师和家长的一言一行都要按照这条规则来衡量。有些事情是可以协商或公开讨论的,而有些事情则是永远不能接受的。例如,我们中的任何一个人(包括教师),如果伤害或羞辱另一个人,这对任何人都是不好的。我们都要能够表达自己的感受，但前提是我们在教室里所说的话不能让其他人感到充满敌意或不安全。为了让在这里的每个人都安全，我们需要开展集体讨论，这样就可以了解大家的感受和想法。我们制定了一些指导方针，指导大家如何充满尊重地与人交谈，这样每个人都会感到被倾听是安全的。

作为教室的领导者，教师有最后的决定权。所以归根结底，是教师用责任去关心和教育儿童。但是，孩子们可以表达他们的感受，说出不满，提出建议，分享想法，并为解决问题出谋划策。

最近我和同事一起去吃晚饭。在谈话过程中，我的同事告诉我，她和丈夫打算在儿子高中毕业后带儿子去国外旅行。因为我在非洲、中东、欧洲和美国都生活过，所以她问我应该去哪个大洲看看，并征求我的意见。我问她："你的儿子想去哪里？"她一时说不出来，然后笑了起来。"我从来没有想过这一点。"她说着，来回摇着头。"去问问他吧。"我建议说，"你不必去他想去的地方。但在你们一起做决定之前，你可以弄清楚他是怎么想的。"我的同事很感激我的建议。

孩子也有自己的想法。去问问他们吧！你不必做他们想做的事，但你可以在你们一起做决定之前了解他们的想法——因为有时你必须自己来做最后的决定！

家长也有自己的想法。作为带班教师和儿童照护中心的主任，我总是组织召开不同类型的家长咨询会。一群家长自愿每月与我见面，讨论他们的担忧或问题。有时他们会反馈一些未参会家长的问题，这样就能代表所有家长与我沟通。我们会讨论各种问题——从安全和营养到课程和管教。我会把他们关心的每一个问题都写下来。有些问题我可以当场回答；有些问题我必须进行调查，再给他们反馈。他们的一些建议对照护中心里的儿童是很好的，而有些建议不具有发展适宜性，或者可能不适合其他家庭。

作为专业人士，我会权衡哪些建议可以付诸实施，哪些建议必须拒绝。我会认真对待家长的关切和建议，并在专业发展会上和教师们分享这些建议，或者和我班级里的助手分享。如果家长们的想法和建议不合适，我会给家长解释为什么不合适，并利用当前的文章、最新的研究成果，或来自该领域的同行的知识来支持我的解释。有一次，家长希望照护中心能为孩子们提供有机食品。虽然有机食品对儿童来说是健康的，而且更有营养，但根据当时的预算，有机食品太贵了。如果提供有机食品，我们将不得不大幅提高学费，而许多家长会负担不起学费。但我还是把建议写了下来，认真研究了一下，并详细说明了我们最终做出决定的原因。在其他时候，家长可能想要我使用那些不适合孩子的惩罚方式或课程类型。我会听他们说完，然后耐心地解释为什么这些是不适合儿童发展的，我通常会用当前领域的一些知识来支持我的回答。

有一次，我意识到我给家长们发的文章太多了。有一位家长向我们的项目协调员抱怨说，厕所水龙头打开的方式不正确。项目协调员告诉那位家长，说她会告诉我关于水龙头的事。那位家长叫道："哦，不，请不要告诉塔马，她只会再给我一篇文章来读！"不过大多数时候，家长们都很高兴与我交流。他们觉得自己被倾听，我们也能理解彼此的边界。他们学会了相信我的专业判断，只要我继续认真地和尊重地对待他们的关切和问题。与此同时，我能够随时了解家长对孩子所受到的照护和教育的感受。

我有很多次听到教师对孩子说："这很不好。"教师可能指的是孩子的一些行为，比如打人、吐痰、咬人、推人、踢人或骂人。孩子各种各样的行为或反应，似乎都能让教师说出那样的话。然而，打人、骂人等行为与好坏无关，而是关系到安全感。如果我们对自己诚实，我们可能会承认，当一个孩子生气或沮丧的时候，他可能会脱口而出骂人的话或打人，这样他会感到很满足，可能会感觉很好。在这种情况下，我们应该说："这样不安全。我希望这里的每个人都是安全的。"这就提供了一个机会来提醒孩子们，即使当我们生气或沮丧的时候，也不能伤害别人。此外，每次我说"我希望这里的每个人都是安全的"这句话时，我都会提醒自己要遵守这条规则，并意识到这句话也适用于我。这句话说多少次也不为过。儿童和成人都是通过重复来学习的。

要直接称呼孩子的姓名

得克萨斯州一家儿童照护中心的主任最近告诉我，她过去常叫孩子们"南瓜"（Pumpkin）等昵称。直到有一天，4岁的夏内德径直地看着她的眼睛,愤怒地说:"我不是你的南瓜!"

我一直不喜欢把孩子当作可爱的小宠物来对待,用兔子、气球、熊或者其他傻乎乎的、会笑的动物来填充他们的大脑,好像那些东西就是他们大脑能理解的全部内容。我总是对教师们说:"叫孩子们的真名。""不要轻视孩子们。当他们跑过来告诉你一个故事时,不要说'好可爱'或'好有趣',或者大声笑他们'可爱'。要和孩子们分享艺术的、具有挑战性的和智慧的想法,并像对待家中的客人一样尊重他们。"在我的教学经历中,我总是提醒大人直呼孩子的姓名。的确,我煞费苦心地想弄清楚人们都喜欢别人怎样称呼自己,或者是不是想让别人准确地说出他们的名字。是凯瑟琳还是凯特?是瑞贝卡还是贝卡?是伊丽莎白、梅格还是贝丝?是罗伯特、鲍勃还是罗伯?是丹尼尔、丹尼还是丹?是托马斯还是汤姆?是詹姆斯还是吉姆?是珍妮还是妮安?

我遇到的许多亚洲学生与家长都把自己和孩子出生时的名字改为美国名字。他们告诉我这是考虑到美国人的语言习惯,改后的名字更容易发音。在一定程度上,我理解他们的想法。几乎没有人能正确地拼写或读出我的名字。不知何故,有时我的名字后面会被多加一个"a",不是"Tamar",而是"Tamara"。名字能代表什么呢?但是,名字是与生俱来的,对许多人来说,名字是有意义的,是我们身份的一部分。例如,1949年是以色列建国后的第一年,那时我出生在南罗德西亚。父亲想叫我多洛蕾丝

(Dolores），但母亲不希望我的名字让我联想到"悲伤"（sorrow）。所以他们选择了一个希伯来语名字，因为他们对新成立的犹太国家的前景充满希望。他们为我确定了高兴和有前景的基调，而不是悲伤。我有时也会这样想。当人们在"Tamar"的结尾加上一个"a"时，根据它的发音，就变成了俄罗斯人或美国人的名字。学习正确说出一个人出生时的名字是对来自不同文化背景的人的尊重。（Jacobson，2003，pp.14–15）

当我还是个孩子的时候，我喜欢父亲叫我"Tamarika"。这个名字感觉很温柔、亲切又特别。这个名字来自我父亲的文化，我也渴望成为其中的一分子。他用拉丁语和我的继母说话，我听不懂这种语言。我常常想，为什么他不教我说拉丁语，为什么我从来没有想过学习拉丁语。当他说"Tamarika"时，我立即感觉与某种东西建立了联系，它深深地扎根于我的根源，也是他的根源——一个我可以在其中短暂地找到归属感的地方。我会从内心深处发出光芒，喉咙里也会发出一种愉悦的低语，几乎就像咕噜声一样。

快乐是一种个人的、基于联想的感受。"南瓜"对夏内德来说不合适，但"Tamarika"肯定让我感觉很好。我仍然认为对孩子直呼其名是一件好事。如果你真的、真的有一种强烈的冲动，想要使用一个你自己选择的昵称，那就先征得孩子们的同意——仅此而已。孩子们知道他们想要什么。如果你肯花时间去听，他们会告诉你的。

建议策略

我所使用的有效的管教策略与我的生活经历、早期情感记忆以及在此过程中获得的知识有关。我选择在这里与你分享这些策略，但是我知道有些策略可能不适合你的性格，或者与你的生活经历关系不大。

把孩子背在背上

我喜欢把孩子背在背上。我小时候在非洲生活，很可能就是在趴在保姆的背上时感受到了这种感觉。有一次，当我读到关于黑猩猩（人类最亲近的哺乳动物）的生活的描述时，我发现它们之所以适应性良好，是因为它们的幼崽被母亲抱着（Goodall，2006）。这一信息佐证了我在非洲成长的早期经历，不但我是被保姆背着的，而且我看到其他人也是这样长大的。事实上，当我的儿子还很小的时候，我觉得背着他很自然，也很合适，有时甚至会背着他跑几千米（从幼儿园跑到我们家）。我后来不背他的唯一原因是，在他六七岁的时候，他变得太重了，我背不动他了。

当我在以色列做幼儿教师的时候，我所在的幼儿园只有一间教室。我负责照护35个2.5—5岁的孩子，有一位助手会帮助我。由于各种原因，我会把孩子们背在背上。如果一个孩子哭了，我会把他背在我的背上。这是最有效的方法。靠近我的身体会让孩子感到安慰，而且我的手空着，还可以照护其他孩子。如果有个孩子在咬其他孩子，那么对他来说最好的方法就是把他背在我的背上。这样，我就知道他在哪里，可以帮助他以坚定而有爱的方式停止这种行为。现在，你可能在想，孩子一定会咬我，他希望被我背在背上并将其视为一种奖励，对吧？好吧，让我向你保证，这种情况从未发生过。在大多数情况下，孩子并不想被我背在背上。他想要下来和同学们一起玩，和他们互动。另外，其他孩子通常太投入地玩耍或工作，以至于不会关心谁在我的背上。每当我把一个孩子背在背上，我都会说："我希望这里的每个人都是安全的。过来和我在一起，直到你再次感到安全，不再咬人（用拳头打人、撞人或者乱跑等）。"

当我成为儿童照护中心的主任时，我向教师们推荐背着孩子的做法，过了好几个星期后，教师们才能接受这种做法。到最后，一些教师发现这对他们很有帮助。他们不同意把孩子直接放在背上，所以我们买了背包。几年前，我收到一位家长的来信，他的孩子在我们的中心里待了4年，他正准备把孩子送进学前班。这位家长写道：

我把（我的女儿）带到（您所在的中心），一个胆小害羞的蹒跚学步的孩子，更喜欢老师而不是小伙伴的陪伴。我还记得我在一天结束时偷偷溜进去，希望看到（我的孩子）和一些孩子快乐地玩耍。但是，当我发现她安全地趴在"朋友老师帕特"（我女儿是这么叫她的）的背上时，我哽咽了。现在回想起来，我非常感激老师给予我女儿的耐心和理解……谢谢您把我的宝贝照顾得这么好。

我认识的大多数老师做梦都不会想到要背着孩子。"朋友老师帕特"一定认为背着孩子对她有用，尽管她没有和我一样的童年经历。但这种做法对她来说很有意义，也很有用。她开始习惯使用这种策略。我一直记得有一天，我刚来到照护中心不久，当我走进婴儿室时，我看见一个年龄大一点的孩子在门口哭。我注意到老师正忙着给另一个婴儿换尿布。她对哭泣的孩子喊道："我来了，我来了。"我转身对老师说："你为什么不让她趴在你背上呢？"她惊恐地看着我。"我不会把孩子放在我的背上。"她回答。我发现自己一时产生了偏见。我在非洲长大，那时我以为所有棕色皮肤的人都会背着孩子，就像我的保姆背着我一样。在婴儿室和我说话的那位老师是一位非裔美国妇女。当我告诉她我带有偏见的想法时，她爽朗地大声嘲笑我愚蠢。她提醒我，虽然她是非裔美国人，但她不是土生土长的非洲人，而且她一生中从未把一个孩子背在背上。但是到最后，她还是准备学习我的"不同的"方法。许多年以后，我就看到她背着一个哭闹的蹒跚学步的孩子。

确定为何而战：如何设定纪律

保持指令的清晰、坚定和简单，不要用冗长、说教的句子来解释事情。有些事情是简单的，但是不安全。其他的和儿童的"战斗"将取决于你的底线，而你的底线又取决于你的恐惧、价值观、信念和童年早期的记忆。你能容忍什么？什么对你来说是重要的？每个人都有不同的容忍度。例如，我从不介意我儿子穿什么去上学，在他很小的时候我就让他自己选择衣服。相信我，他搭配的一些衣服非常棒！另一方面，我明确而坚定地要求他按时就寝。他必须在晚上 7 点前上床睡觉——没有"如果""而且"或者"但是"！有些教师不给孩子读故事，除非他们两腿交叉放好并坐直了。我不介意孩子们趴着，斜向一边，或者蹲着。我对这件事的看法一直都没有改变。就在前几天，当我们讨论性别偏见和女子学校的利弊等话题时，我注意到我班上有些本科生把脚搭在椅子上，或者趴在桌子上。我想象着如果我的同事看到学生这样坐，他们会多么生气。

你的底线是什么？哪些行为对你来说是可以容忍的？为什么？对于幼儿的行为举止，你如何确定哪些界限对你来说是重要的？

跟进：执行纪律

一旦确定了哪些是重要的，就要立即、坚定、清晰地贯彻执行。有很多教师在教室的一边冲着另一边喊："萨米，把那个积木放下。我跟你说过多少次了……"以这种方式隔着房间喊话几乎就是在挑衅。如果你真的想让孩子听话，那么就亲自走到那个孩子身边，蹲在孩子的面前，握着他拿着积木的手，坚定地说：

"我希望这里的每个人都是安全的。扔积木对任何人都不安全。"就我个人而言,我从未发现从一数到三或大声问"我要告诉你多少次?",是阻止孩子做危险事情的有效方法。跟进是直接的、明确的。这就要求在此时此地——身体上和语言上都要言出必行。

说话要认真

当我说在我们出去之前要把教室打扫干净时,我是认真的!没有"如果""而且"或者"但是"!当有个孩子走开,不想收拾自己弄乱的东西时,我就把他背在背上,然后我们一起去收拾。在走过去的路上,他可能会扭动身子,想爬下来。我会紧紧抓住他,说道:"该打扫卫生了,我们都得收拾完才能出去玩。"孩子作为我身体的一个部分,和我一起打扫。如果我是认真的,我就必须投入进去。当我指着拼图说"把它们收拾整齐"时,我是在命令、要求并发出指令。当我们把这些拼图块收拾在一起时,我参与其中,表明我是认真的。我非常希望能把所有我准备做的事情都做好,而且是我们一起完成的。如果我真的想把房间打扫干净,我不会去完成文字工作或做一些其他的事情。多年来,我发现孩子们通过教师的榜样作用,能够从我这里学到很多东西。如果我说的是真心话,我的声音中会流露出清晰、自信和确定的语调。我不需要大喊大叫,也不需要做出一些所谓的"愤怒、可怕"的表情。

当我们问孩子们是否想做一些我们无论如何都会做的事情时,我们其实是给孩子们传达了一个令其困惑的信息。例如,如果我们打算在集体活动时间读一个故事,然后问孩子们是否想听故事,那么他们中的一些人可能会大声回答"不!"。如果读故事这个活动真的是一个可选择的活动,那么问孩子是有意义的。所以要弄清楚你要做什么。如果没有选择,那就清晰而简单地陈述要做的事情:"我们现在要读一个故事。"我们所说的话是否有意义,取决于我们最初是否有明确的意图。我发现,要先弄清楚自己真正想要表达的是什么,这样就能更有效地传递信息。

要告诉孩子们他们能做什么。例如,如果他们跳到家具上,就把他们抱起来。当他们回到地板上时,就说:"在地板上跳。"即使你表扬他们,也要明确。表扬的话要与他们正在做的事情相关,而不是与你对他们的看法相关。你可以说"我看到你已经在桌子上给每个人放了足够的盘子和杯子了,我们现在可以吃午饭了",而不是说"真棒,我喜欢你摆桌子的方式"。

暂时隔离是给教师用的

当使用管教策略时,暂时隔离是其中的一种手段。管教策略还包括把名字写到黑板上、点亮黄色或红色的"灯"以及使用违反纪律记录表格等,这些手段仍然依靠责备和羞辱来让孩子的行为回归正常。这些手段存在的一个问题是,它们被一些成人视为"逻辑后果",通常对成人比对孩子更有用。虽然成人的目的是管教而不是惩罚,但孩子倾向于把这些传统的管教视为施加给他们的"痛苦和折磨"。事实上,这是惩罚的一个非常标准的界定。(Gartrell,2004,p.64)

我肯定会让孩子从可能伤害自己或他人的境地中脱离出来。即使他又踢又叫，不想离开有矛盾的区域，我也会平静而坚定地说："我希望这里的每个人都是安全的，所以我必须现在就带你离开这个地方，直到我能帮助你重新变得安全。"但我不会把孩子单独扔在阅读区，扔在"思考椅"上，或扔在其他类似的地方。我可能会带孩子到教室外散步，在那里我们可以一起聊天，甚至只是一起沉默一会儿。我可能会把他背在背上，或者把他抱在怀里，一起说说发生了什么事。我不会为了分散孩子的注意力，让孩子帮忙摆餐具。我们不应该让孩子分散注意力。我们要谈论发生在这个孩子身上的事。隔离时间是为了让大家一起深呼吸，强化教室里的规则，而不是遗弃或排斥孩子。

这么多年来，一次又一次地，我采访过坐在不同类型的特殊"思考椅"上或隔离角落里的孩子。毫无例外，他们似乎完全不知道自己为什么要坐在那里。有时他们会告诉我，他们在休息，因为有人伤害了他们。我更倾向于认为隔离是为教师准备的。当我们感到不堪重负或忍无可忍时，或者当我们认为自己已经用尽了解决问题的方法和手段时，就该暂停一下。这是一个很好的时机，你可以对助手或配班教师说："我必须离开房间一会儿。请替我一下，我很快就回来。"然后你可以走一会儿，深呼吸，洗把脸，喝点水，回想一下刚才发生了什么。有时，在困境中得到短暂的喘息后再回到教室，你就能解决问题了。教师有时确实需要独处的时间。孩子们需要有人陪伴他们成长。当我谈到孩子和发脾气时，我会再次讨论这个问题。

给出相关的后果

如果你要让孩子承担某种后果，那么这个后果必须跟他们的行为有关。比如在我的教室里，如果一个孩子打了另一个孩子，那么后果就是打人的孩子必须立即帮助我安抚受伤的孩子。与行为相关的后果并不总是那么容易就能想出来的。你可以想想每天都会发生的事情，并提前计划孩子需要承担的后果，这可能会有所帮助。这样你就不会轻易被意外所伤，也不会被突如其来的事情弄得措手不及。在大多数情况下，孩子在承担后果时，教师要陪着孩子。例如，我带着孩子去安抚另一个受伤的孩子。我们可能需要找一个创可贴，带一杯水，用纸巾来擦干受伤孩子的眼泪，或者我们只是坐在一起，询问受伤的孩子感觉怎么样。再如，一个孩子拒绝打扫，我就得和他一起待在房间里，直到他把东西都收拾好，我们才能出去。如果我注意到一个孩子总是待在教室里，把打扫卫生作为和我待在一起的借口，那么我就会记录下来——他可能是在寻求和我独处的时间。我想到了其他我们可以一起做事情的方法，而不是非要留下来收拾东西。我可能会这样和他说："我发现你喜欢留在教室里和我一起打扫卫生。但现在是户外活动时间。我们来想想可以一起在户外做的其他事情吧。"

明智地选择课程

教育不仅仅是娱乐活动——快乐是副产品。课程应该是有趣的，与幼儿的经历相关且有挑战性。当幼儿参与其中时，他们就有能力取得成就。这能帮助幼儿建立自尊，因为有了成就感，取得了成绩，他们就会觉得自己有价值。这还能减少他们出现不恰当行为的次数。儿童是天生的研究者。他们喜欢发现事物是如何或为什么运作的，他们会问很多问题。他们应该学习内容丰富的不同学科的整合课程，从而拓展思想，武装头脑。如果我们不断给幼儿安排一些无意义的或琐碎的任务，这些任务太容易且太无聊，或者如果我们使用过难的、抽象的、不适宜的课程，我们将使所谓的儿童"行为问题"成倍出现。

我的一名本科生观察了一个4岁的孩子。这个孩子对没有挑战性的课程做出了反应，因此，她的行为受到了教师的惩罚（为了保密，孩子的名字是化名）。学生在日记中是这样写的：

一天，莱斯莉在圆圈时间自己唱歌，没有集中注意力学习日期和天气。老师决定让她离开大家，等她能更好地集中注意力再回来。但是，把她带离小组只会给她更多的个人时间，丝毫不会妨碍她继续唱歌。

莱斯莉让我感到很伤心。她在圆圈时间自己唱歌，没有和班上其他同学一起复述日期。H老师让她一个人复述。莱斯莉几乎是支支吾吾的，而H老师一直冲着她大喊，让她用"大孩子"的声音说话。我吓坏了。这有什么大不了的？他们才4岁，你无法控制他们的每一个动作！莱斯莉说完日期后已经泪流满面了。

我尴尬极了。莱斯莉一整天都心不在焉，即使被老师从小组里带走，她也没有面向全班同学，还是一直在唱歌。

我在《纽约时报》（*New York Times*）上读到一篇文章，文章中提到了一些新的研究，这些研究可能"促使人们去重新评估一些儿童表现出破坏性行为的可能原因"（Carey，2007）。虽然在以前，专业人士担心有行为问题的儿童在学业学习上不太成功，但是有几项研究发现，我们不需要对这些孩子太担心。例如，其中一项研究发现，那些被认定有行为问题的儿童在学习上似乎和他们的同伴一样成功。文章中引用了乔治城大学健康与教育中心主任莎伦·兰德斯曼·雷米（Sharon Landesman Ramey）的话："我认为这些可能会成为具有里程碑意义的发现，迫使我们不得不思考，这些行为问题是否源于一些教育者对刚进入教室的幼儿所持有的不恰当的成熟期望。"

发泄情绪

亲爱的塔马：

我们一起做过的、我最喜欢的事就是拿一个大垫子，在上面画一张脸，然后想象着击打它。我会永远记得和您一起做的事。谢谢您这么好。爱您的 M。

（一个孩子离开照护中心去学前班时送给我的卡片）

30多年前，当我还是以色列的一名年轻教师时，我上了一门生物能量学的课程，学习了人体所有能量点的位置以及我们如何在身体的某些部位储存能量。我的老师罗森是一个 60 多岁的精力充沛的人，是我遇到过的最有活力的人。我从他那里学到了许多释放能量的活动，其中的一个活动就是使用冲击垫。他告诉我，以出拳的方式前后推拉我们的手臂是释放能量的一种最原始的方式。他将这比作婴儿上下挥动手臂的方式。

在了解到这一点后，我制作了一个冲击垫，类似于我们在生物能量学课上使用的那种垫子。在我照护孩子们时，我一直使用它。它又大又厚，放在地板上，当孩子们的小手打它的时候，他们不会因为打得太重而受伤。我对垫子的使用有非常严格的规定。我把它作为一个区域中的主要器材放在教室的前面，我会分组教孩子们该如何使用垫子。使用规则如下：

- 你不能单独击打垫子，必须有老师在场。如果你想击打垫子，请叫一位老师来陪你。
- 你不能踢或扔垫子。你只能用拳头击打它。一次只能一个人打垫子。
- 我希望这里的每个人都是安全的。因此，你绝对不能打人，只能打垫子。

我坐在垫子旁边，在孩子打垫子时陪着他们。其他孩子可以加入进来，坐在一旁观看。我一般先向孩子示范如何握拳和出拳，用手臂在枕头上来回伸缩，演示如何做出强有力的动作。然后我安静地靠在椅背上,看着孩子击打垫子。我没有说"哦,打得好!你真是个出色的出拳高手!"之类的话。尽管如此,我还是聚精会神地看着、听着,以确保孩子知道我就在他身边,并专注于他的行动。有时候,孩子在打人的时候会说一些话,比如"我恨你!"或者"我可以打人,打了又打"。同样,我不会发表任何评论。我没有说"这样说不好"或"是的,你可以尽情地打"。我不说话,但我会在一旁看着他。孩子会时不时地停下来,朝我这边看。此时,我会问"你打完了吗?",如果他说没有,他可以继续打,直到他觉得打够了。打拳结束后,我会把孩子抱在怀里,前后摇晃。在打拳的过程中,孩子释放了很多能量,这让人既兴奋又有点害怕。抱着孩子摇晃一下,能使他们平静下来。这样也从身体上向孩子说明他是安全的,是被接纳的。

如果在击打的过程中,我注意到孩子说的一些东西需要我关注,我就会记下来,以便以后在其他时间从孩子那里或其父母、监护人那里了解更多信息。我始终保持警觉和专注。毫无疑问,我通过孩子击打垫子时说的话发现了虐待儿童的情况。不过,他们主要抱怨的是不能看电视,不能穿自己最喜欢的衬衫或衣服去上学。这些抱怨对成人来说似乎微不足道。对孩子们来说,这些似乎是主要的问题,与他们的感受有关。一切都不在他们的掌控之下,总是有人为他们做决定。这些事情会让他们很生气!有些孩子在击打垫子的时候什么也不说。这也没关系。我们不需要总是知道孩子在想什么或感受什么,但仍然可以陪伴他们,见证他们击打的过程，在那里默默倾听。

随着时间的推移，孩子们会在他们觉得需要的时候才来击打垫子。它没有被视作打小朋友的替代方式。换句话说，如果一个孩子推搡或打别人，我不会急于把击打垫子作为替代活动或干扰这种行为。我会用通常的方式来处理："我希望这里的每个人都是安全的。"但有时，我会以一种有意的方式，请一群孩子和我一起击打垫子。每个孩子轮流出拳的时候，他们都在一旁看着、听着。

如果有孩子不想参加，他们可以不参加。在通常情况下，如果他们决定不打垫子，他们会留下来观察和倾听。这样，这个活动就变成了一个互助小组活动。这是女孩们鼓起勇气与垫子接触的一个好方法。许多女孩害怕表现出攻击性，因为她们很早就被教育"只有男孩才有攻击性"。在其他孩子坐在旁边支持女孩的情况下，女孩们就可以自己参与到击打垫子的活动中。我常常想知道，如果不允许女孩表达自己的愤怒，那么她们能做些什么。然后我想起了我过去处理自己情绪的方式——偏头痛、哭泣或肚子痛。后来我发现，打一场激烈的网球比赛或进行一次长距离的快走是发泄怒气的好方法。对于小孩子来说，用拳击打垫子的练习就像这样——是表达各种情绪，尤其是表达愤怒或沮丧的合适方式！

我可以讲很多关于这个练习是如何帮助我班上孩子的故事。这些故事可能能写成一本书！但我始终记得我班上一个3岁的男孩克里斯。他来自一个充满爱的家庭，家人给予了他很多关注。他们给他读书，带他出去郊游。总之，他的出生给大家带来很多快乐。他3岁时，他的弟弟出生了。尽管家人做了很多事情，让克里斯感到被爱和被接纳，但他仍然很难接受弟弟出生。这种不适应在教室里也表现了出来：无论他何时来到学校，他都焦虑不安。他一有机会就抓挠别的孩子。他的母亲和我会确保剪好他的指甲，我们讨论如何帮助他度过这段困难的时期。不论我在什么时间把孩子们带到冲击垫旁，克里斯总是第一个来。他喜欢出拳。有一天，他到了学校，走进教室门，扔下外套，在空中挥舞着他的手，对我喊道："请把垫子给我拿来！"我拿着垫子跑向他，他用尽全身力气打了一拳又一拳。最后，他瘫软地躺在我的怀里，我把他摇来摇去。突然，他坐直了身子，抬头看着我，脸上带着灿烂的微笑。他说："我爱这个幼儿园！"在打拳之后，他度过了平静的一天，与其他孩子互动、合作和游戏。

发 脾 气

亲爱的塔马博士：

谢谢您……在会议上发言。它让我反思我关于管教的观念，以及我作为家长和项目主管是如何坚持这些观念的。今天早些时候，当我3岁的女儿尖叫、又踢又咬的时候，这让我有了力量陪在她的身边。当我的女儿终于接受我的拥抱时，我的感觉好极了。如果我昨天没有去听您的报告，我可能会生气，丢下她一个人……谢谢您！

（一封参会者的电子邮件，她在2006年参加了我的工作坊研讨会）

直到今天，我还记得我小时候发脾气的感觉。那太可怕了。我不仅觉得自己完全失去了控制，还对发生在我身上的事情感到困惑和害怕。我主要是担心我会给周围的人带来麻烦，他们会讨厌我。我觉得自己的行为很糟糕，尽管我很努力，但我似乎无法控制自己。我想我一定是吓得睁大了眼睛。我可能以为自己要死了，我感觉太糟了。我记得我特别害怕人们会抛弃我，因为我是这么坏的一个孩子。一次又一次地，无论我怎么努力，我似乎都无法镇静下来。在我的记忆中，我发脾气是因为我想要告诉妈妈一些我认为她需要知道的事情，一些关于我的重要的事情。然后事情很快就变糟了，我就失控了。

当我长大成人后，我和伴侣争吵的感觉就像我童年早期发脾气的感觉一样。那种氛围也很相似。当我想告诉伴侣一些对我来说重要的事情时，事情就会变糟糕，然后我就会变得非常情绪化，而我的伴侣似乎会变得越来越平静。在整个争执过程中，我一直担心被抛弃，确信自己不值得被爱，糟糕得让人难以忍受。经过多年的自我反省、治疗和自我改变，我不再这样认为了。

当我的第一次婚姻结束时，我非常伤心。我所有的梦想都破灭了,觉得自己彻底失败了,悲伤如剧痛般涌上心头。我去看我的好朋友梅琳达。我们都快30岁了。梅琳达和我一样,有一个2岁的儿子。我们相识是因为我们两家的孩子一起在附近的操场上玩。我躺在她的大水床上,哭了又哭。她坐在我身边,抚摩着我的背,安慰我说:"哦,塔马,你一定很痛苦吧。"她就像在跟一个小孩子说话一样。突然,她蹒跚学步的孩子走进房间,站在那里盯着我们。她非常温柔地对他解释:"塔马非常伤心和痛苦。哦,哦,好疼。"这个孩子重复着妈妈的话,用他甜美的小嗓音说:"哦,哦,好疼,好疼,妈妈?"梅琳达点点头,孩子对她的解释很满意,转身离开了房间。我总是记得那天晚上,梅琳达对我和她的儿子表现出的善良。但更具体地说,我记得她是如何教她的孩子接受悲伤的。那天晚些时候,当我回到家里时,我觉得我好像被包裹在一个巨大的、温暖的、充满爱的毯子之中。我感到安全和平静。我睡得像个婴儿,准备第二天醒来面对我作为单身母亲的新生活。这就是我希望孩子们在发完脾气后应该有的感受。

当一个年幼的孩子发脾气时,我立刻在他身上看到了自己的影子。我记得自己所有的恐惧和困惑,我想象那个孩子也有类似的感受。因此,我不会去威胁一个无法控制自己情绪的孩子,对他说如果他继续这样,他就会被抛弃。我会说:"我会一直待在你的身边,直到你感到自己能更好地控制自己了。我不会离开你。我并不生你的气。"有时候,我还会补充说:"我爱你。你在我这里没问题。"我说到做到。我并不期待孩子能立即冷静下来，因为我知道，尽管他可能非常努力，但他无法停止感受自己当下的情绪。他并不是故意伤害我，他只是非常简单、直接地失去了对自己情绪的控制。当他再次冷静下来时，我们就能够谈论他身上发生的事情了。孩子发脾气时太情绪化，无法进行任何理性的谈话。如果他允许，我会在他发脾气的时候控制住他，这样他就不会伤害自己或他人了。如果做不到这一点，我会陪他到一个安静的地方，在那里我们可以安全地待在一起，直到他的脾气平息下来。我会一直陪着他。

对我来说，发脾气的原因是什么并不重要。我和一个4岁的孩子坐在一起，他目睹了他的母亲被父亲杀害的过程。父亲入狱后，他被送去和祖母住在一起。每天，在某个特定的时刻，这个小男孩就会完全失去控制，陷入一种难以形容的混乱、愤怒和悲伤之中，这就是我们经常说的"没有明显的原因"。唯一的解决方式就是等这种情绪过去，我会带他去一个私密的房间，在那里我和他待在一起，直到他的情绪风暴平息下来。有时，这个过程要花10分钟，有时要超过40分钟。在一些相对轻松的情况下，我也曾陪伴因没有得到想玩的玩具而发脾气的孩子。我处理这种情况的方式，与对待那些经历严重创伤的孩子完全相同。我一直陪着他们，直到他们把事情解决了。我确保他们不会伤害自己或他人。在大多数时候，我和他们安静地在一起，但偶尔我会告诉他们，他们可以一直和我在一起，我不会离开他们。

第六章　可以管教，但不能惩罚

我一直弄不明白为什么教师会对发脾气的孩子如此生气。我不能理解为什么教师认为孩子在用一种有害的方式来操纵他们或寻求关注。相信我，我可以通过个人经验告诉你，发脾气一点也不好玩。我也从未见过哪个孩子喜欢发脾气。在发脾气的时候，他们看起来都很害怕和困惑。他们可能一开始是愤怒的，但我相信他们会因为一开始的愤怒情绪而觉得自己很糟糕，然后恶化成无法控制自己发脾气。作为一名教师，我有责任用同情、理解和接纳来引导孩子们克服这些不稳定的情绪。这是唯一能帮助他们打破这种恶性循环的方法，因为他们认为自己是有混乱的感觉、想法、需要和欲望的坏人。

学步儿

在分享管教策略时，我不能不简短地探讨一下学步儿。我经常听到有人把他们称为"可怕的 2 岁"孩子。我知道这种说法的由来。它确实是一个孩子人生中充满挑战的时期，对那些照护孩子的成人来说，挑战更大。的确，从 18 个月到 3 岁，孩子经历了一个非常令人困惑的时期。他们在情感上被拉向两个方向：一个方向是变得更加成熟和独立，另一个方向是像婴儿一样依赖周围的成人。这一时期被称为"和解期"。随着孩子认知能力和身体技能的发展，他们也意识到自己与亲人开始分离了。对于关心和教育这个年龄段的孩子的成人来说，似乎突然之间，在几天前还需要我们照护的可爱婴儿就变成了为自由而战的"怪物"！然后，就在我们渐渐习惯了孩子的独立和分离时，他会突然转过身来，再次需要我们，蜷缩在我们的膝盖上，把拇指含在嘴里，疲惫地把头靠在我们的胸口上。他厌倦了生活的挑战，厌倦了成为一个强大和独立的人——他需要从这一切中得到休息，需要再次从周围的成人那里获得信心。我们非但没有为这个了不起的学步儿学会挑衅地说"不"而高兴，反而变得愤怒和受伤。我有时会想，当面对那些了不起的 2 岁孩子时，我们自己又变成了蹒跚学步的孩子！

根据我与这个年龄段的孩子打交道的经验，我提出三点建议：

- 选择你要应对的挑战，远离那些不是很重要的挑战。确保安全第一。
- 不要使用冗长的句子来说教。很小的孩子不会集中精力听关于该如何表现的长篇大论。他们听或说几句话后就会离开。要保持话语清晰、坚定和简单。
- 记住：不久之前他们还是婴儿。

事实上，这是我们生命中理解分离和自主最重要的时刻之一。

试着回想一下你还是个蹒跚学步的孩子的时候。你还记得生命中的那段时光吗？它的挑战是什么？如果你记不起来，问一下你的家人，看看他们能回忆起什么。也许他们会说你是个很难相处的孩子。问问他们是如何应对来自你的挑战的！很有可能的是，你生命中的那段时光已经影响了你长大后如何处理分离和自主的问题。了解自己与分离和独立有关的问题，可以帮助我们与正在学习这一重要内容的孩子一起相处。这将影响我们如何理解幼儿的感觉，以及我们是将他们视为"可怕"的，还是接受他们是"自由斗士"。

行动起来

了解别人采用的策略

在我做幼儿教师的第一年，我的主管带着像我这样的教师去实地考察和参观不同学校的不同班级。我喜欢那些外出考察的活动，观察更有经验的教师如何制订课程计划或管理学生行为。我学到了很多不同的策略。

有一次我回到教室，感到非常不舒服和沮丧。我想："我怎么可能变得像今天看到的教师一样有经验，做那么棒的事情呢？"我看起来一定很沮丧，因为我的主管问我有什么困扰。我告诉她我很受挫，但我非常喜欢向这些教师学习。"我能和他们一样优秀吗？"我渴望地问她。这30年来我一直记得她的笑容。那笑容充满了智慧和理解。她回答说，这种沮丧是健康的，也是有益的，因为它表明我有激情、有承诺，也有改变的意愿。她相信，我总有一天会成为一名优秀的教师。

学习别人使用的策略是一件明智的事情，即使这会让你感到沮丧，因为你发现别人能够轻而易举地做一些事情，而你却无法做到。把这种挫折当成是健康的和积极的，因为这意味着你渴望改变，并致力于追求卓越。每个人都有不同于你的想法。他们可能也从其他人那里学到了东西。每个人的生活经历都会影响其个人风格和策略选择。别人与孩子互动的一些方式可能不适合你，即使那些方式在当时看起来很有效。作为一个成年人，你可以通过结合自己的童年经历，阅读当前的实践和研究成果，或与同龄人讨论，来选择适合自己的策略。

阅读关于课堂管理策略的文章是有帮助的，走访其他教师的课堂并观察他们与孩子的互动也会有帮助。有时看到教师示范不同的行为或策略，会让你知道该如何去做。作为一名大学教授，我的职责之一是定期观察我的同事，并为他们的个人档案写一份观察报告。他们也为我这么做。我喜欢看他们教学。几乎每次我都能学到一些新的或稍微不同的策略，以丰富我作为教师教育者的教学手段。例如，上次我看到我的一个同事有效地使用幻灯片，这给了我勇气，最终促使我在自己的课堂上恰当地使用幻灯片。她轻而易举地掌握了这项技术，这让我知道我也能做到！

回忆自己小时候的感受

回想一下你的童年，试着回想一下自己感到最无助的时候，你是怎么应对的？大人在没有询问你的情况下，做出什么样的决定？作为一个孩子，大人是如何允许或支持你处理悲伤、恐惧或愤怒的？你通过什么方式让自己觉得一切都在掌控之中？当你还是个孩子的时候,你如何寻求别人的关注?现在,作为一个成人,你如何回应那些想要你关注的孩子?你发脾气的时候是什么感觉?是谁帮你渡过了难关?他们允许你怎样表达情绪?你父母认为什么是不尊重别人?对于你生命中那些重要的成人,他们在哪些方面让你感到困惑?你怎么知道你是被爱的?你的家人如何表达恐惧或处理分离?你在哪里和谁在一起时感到情感上是安全的?

结　　论

在这一章中,我分享了一些对我有用的策略或建议。也许其中一些策略或建议对你来说是有意义的,可以在你与孩子的工作中起到支持作用。然而,你也可能会发现它们不适合你。在思考以下内容的同时,检查一下你对我的建议或策略的情感反应。

- 管教的方式因家庭而异。有些方式可能对你有用,但你可以决定采用不同的方式。
- 当你的父母管教你时,是什么影响了他们?又是什么影响了你?在大多数情况下,我们的父母希望孩子得到最好的。他们通过几代人的养育或文化规范来学习管教孩子的方法。我们的父母并不总是知道该做什么。他们不是天生的育儿专家,总是为自己不够称职而感到内疚。他们怎么能不这样呢?家庭成员、教师、校长、学校咨询师、儿科医生、电视、报纸、广播谈话节目、图书和杂志总是告诉他们该做什么或教育他们如何去做最好的父母。
- 作为一名教师,你的管教风格受到了怎样的影响?你会做出什么决定?为什么?你的底线是什么?你的人生哲学是什么?你是怎样形成你的信念或价值观的?当你提到管教的时候你会想到什么?

记住:
- 你受到的管教方式会影响你对孩子的反应——要么你会沿袭自己被管教的方式,要么你会使用不同的管教方式!
- 对我有效的策略可能对你无效。我想起了我的一个论文导师、哀伤辅导师。他的办公室里有一顶棒球帽,帽子正面写着一句话:"听从我的建议,但我自己并不使用它!"

参考文献

Carey, B. 2007. Bad behavior does not doom pupils, studies say. *New York Times*, November 13.

Elkind, D. 2007. Instructive discipline. *Exchange Every Day*, September 5.

Gartrell, D. 2004. *The power of guidance: Teaching socialemotional skills in early childhood classrooms*. Clifton Park, N.Y.: Delmar Learning.

Goodall, J. 2006. *My life with the chimpanzees.* Revised edition. New York: Aladdin Paperbacks.

Jacobson, T. 2003. *Confronting our discomfort: Clearing the way for anti-bias in early childhood.* Portsmouth, N.H.: Heinemann.

Kidjo, A. 2007. Gimme shelter. On *Djin Djin.* CD. Razor and Tie/Starbucks Entertainment.

Raines, S. 1995. *Never ever serve sugary snacks on rainy days: The official little instruction book for teachers of young children.* Beltsville, Mass.: Gryphon House.

第七章　改变自己的情绪脚本

> 此刻，女儿能够创造出她觉得自己一直需要并应有的母亲。她重塑了自己的亲生母亲，或者说她创造了一个象征性的母亲来支持和促进自己的心理和情绪发展……这种行为需要女儿具有一定的成熟度，这是一种不再受过去的冲突和失望所束缚的能力，是一种对母女关系仍然可能变化的认识，尽管年幼的孩子和童年时期的母亲早已消失。
>
> ——金·彻宁（Kim Chernin）

诗歌或励志语录对我来说很重要，当我专注于忙碌的生活和工作时，它们是重要的提醒。只用几句话就总结了我头脑中新的和不同的脚本信息，这些信息缓慢地但肯定会取代那些我不再需要的旧信息。

许多年前，当我还在读研究生的时候，我的统计学老师在上课时给我们读了一段简短的励志语录。汤姆·弗朗茨（Tom Frantz）是一位优秀的统计学教授，也是一位哀伤辅导师。有时，他会在课上停下来，读一首诗或一段励志语录。这是我能够集中思想的时刻——就像为大脑和灵魂深吸一口气，然后回到手头的事情上，处理统计数据。多年前的一个晚上，弗朗茨为我们朗诵了波蒂娅·纳尔逊（Portia Nelson）的《五章自传》：

一

我漫步于街头，

人行道上深洞现。

失足坠落，

迷茫无助心惘然。

非我之过，

岁月漫长，寻找出路难上难。

二

我再次走过那条街，

人行道上深洞依旧在。

我假装视而不见，

却又一次失足坠落。

难以置信再次陷入此地，

然而，非我之过。

逃离困境，仍需时日。

三

我再次走过那条街，

第七章 改变自己的情绪脚本

人行道上深洞依旧在。

此番我已然看见，

却仍失足坠落——已成习惯。

双眼已然睁开，

我深知自己所在。

此次坠落，错在我身。

我迅速挣脱束缚，重获自由。

四

再次漫步于那条街，

深洞依旧在人行道。

我选择绕行而过。

五

我走向了另一条街道。

> **面对自己的情绪历史会很艰难，但这就是我们前进的方向。**

觉察自己的情绪发展过程和过往并不总是很容易。面对痛苦的回忆，是令人不愉快的、不舒服的。然而，当我讲述自己的故事时，我不仅掌握了发生在自己身上的事情，还确认了自己的经历。每当直面那些旧的情绪伤口，我就会更容易原谅过去，并能更积极、更有建设性地继续前行。当然，当我面对痛苦的回忆时，我很容易对小时候照顾过我的成人感到愤怒。然而，当我探究这些过往的时候，我得出的结论是，每个人在当时都已尽其所能。这个探究的过程不是责怪，而是理解与自我接纳。有了对自身情绪来源的理解，我便能够放下过去的愤怒，并承担起作为成人在此刻此地做出选择的责任。

过去，我更喜欢和专业的咨询师或治疗师一对一地探讨我的童年。这在一定程度上与我羞于暴露自己的脆弱和焦虑有关。只有在一个安全的环境中，在一个可信任的并有中立态度的人面前，我才能发现自己内心中的那些部分。现在我长大了，不像年轻时那样觉得很羞耻了。在几年前，我在博客里写了自己童年的重大事件。对我来说，讲述我的故事，让别人和我一起阅读，都变得很重要。因为我很难相信，小时候发生在我身上的事对我造成了伤害。这很痛苦，我边写边哭。但当我重读这些日记后，痛苦就会消失。取而代之的是，我开始理解自己的情绪是如何产生和发展的，以及我为什么会做出这样或那样的选择。我感到自由了，也得到了救赎。分享我的情绪经历有助于我变得更富有同情心，我更能接纳别人的痛苦和困惑。最终，它让我更加理解孩子的挑战性行为——无论是安静的还是退缩的行为，无论是攻击性的还是焦虑的行为。当我进入自己的记忆，打开自己记忆中的童年时光时，我变得更有能力在情绪上支持我所照护的不同类型的孩子。

我花了几年的时间打开了自己的情绪。我使用了许多不同的方法，例如写日记、冥想、接受有经验的治疗师的指导、阅读及努力研究自己。教年幼的孩子和大学生，并为家庭提供咨询，也是我研究自己的方式。最近，我想我已经更加清晰地理解了自己生活中的一些事件，它们影响了我的自我认知。当我承认对早期经历的记忆时，我就能够将自己小时候形成的感受从我当前的现实中分离出来。下面是我的情绪故事，我记得并理解它。其中隐藏着一个秘密，那就是我的大脑如何发展出关于自己的信息。为了改变或重新学习那个脚本化了的信息，我必须先理解它是如何发生的。我告诉你我的这些经历，是希望通过我的例子，你也能找到揭开自己情绪历史的方法。如果你愿意的话——改变你为自己编写的脚本信息吧。

我讲我的故事

我是我父母那段短暂而暴风雨般的婚姻的产物。我夹在两个对我来说很重要的人之间。我的母亲在与我的亲生父亲离婚，又和我的继父结婚的最初几年里，感到不安全、困惑、内疚、恐惧或自卑。然而，就在那时，我出生了。我总是感到自己不属于这里，也不属于那里。在我母亲步入第三段婚姻的过程中，我也一直有着这样的感觉。我记得我的母亲和继父之间的爱充满了激情。他们有时非常愤怒，经常吵架，而在其他时候，他们又充满爱意，非常高兴。当我还是个孩子的时候，我记得我总是担心我母亲的感受。当她伤心或焦虑的时候，我也感到害怕。当她开心的时候，我就感到很安全。

母亲不断地提醒我不要发出太多的声音，不要吃太多的食物——不要这样做，不要那样做，以免打扰或惹烦我的新继父，给他增加负担。的确，我记得我努力不让继父生气。然而我也是要生活的。毕竟，我是一个年轻的、充满活力的孩子，而且充满好奇心，在思考、在感受、在成长。有时我希望被倾听，渴望得到关注，我要让他们知道这一点！但是，当我希望他们关注我时，母亲的愤怒似乎是无情的，没有止境的。她会大喊、威胁我、扇我耳光。而对我来说更可怕的是，母亲控制不住地抽泣，指责我毁了她、毁了她的生活。当她哭泣的时候，我觉得自己好像被旋涡卷下去，陷入羞愧和恐惧的黑暗深渊，渴望得到她的爱，害怕失去她、失去爱。我还为我所造成的所有痛苦感到羞耻。我会抱着她，向她道歉。在大多数时候，我不知道我为什么要道歉，我用我知道的所有方法，想让一切都恢复正常。她会把头和身体从我身边转开。我一碰她，她就僵住了。我会在每一处都留下道歉的纸条，乞求她的原谅，保证我不会再做那些事。对于我的痛苦和恐惧，她既没有回复，也没有安慰。随着时间的推移，一个剧本开始在我的大脑中形成，重现、重复、强化，坚定了我对自己的看法："我不可爱，是个负担，碍手碍脚，该受责备，是有过错的。我破坏了别人的生活，毁掉了他们的一切，而且在内心深处，我是如此邪恶。或许我是个坏人，毫无价值，不值得被爱。"

在我8岁的时候，我的弟弟出生了。一天晚上，我坐立不安，睡不着，想上厕所。我的胃在翻腾，我变得害怕起来。母亲来到我的卧室，坚持要我去睡觉。但我做不到。我一遍又一遍地喊她。最后，她把我从床上拽下来，扇我、打我，把我扔在房间里，冲我大喊大叫，要我安静点，要我去睡觉，一遍又一遍地告诉我，说我打扰了她的丈夫，吵醒了睡在楼下卧室里的小婴儿。她的叫喊和我惊恐的尖叫把在附近巡逻的警察吸引到我家窗前。他问道："您那儿一切都好吗，夫人？"她说一切都好，然后回到我的房间对我大吼："看看你都干了些什么！警察是因为你这个样子才来这里的！"随后，她回到了自己的房间。

我仍然无法入睡，跌跌撞撞地尽可能轻地走下楼梯，躺在客厅的沙发上，尽可能靠近母亲关着的卧室门。那时，我们住在继父的商店后面，一间又长又黑的仓库变成了一个家。母亲把后墙涂成了深红色，因为没有窗户，我总是记得客厅是长长的、黑的、有种阴森的感觉。当我躺下时，我感觉头顶上方有一个巨大的、厚实的、刺鼻的、淡绿色的、蜘蛛网般的云朵，它向天花板扩散开来，层层落下，环绕着我，就在我的身体上方徘徊。我吓坏了，躺在那里，浑身发抖，不敢叫出声来，眼睛一直盯着那朵想象中的云，直到晨光把它赶走。

第二天，当我在卫生间里挣扎时，母亲惊慌失措地尖叫着，从我身体里拉出了你见过的最长、最粗的绦虫！我被紧急送往医院，被护士照顾了几天。我沐浴着她们的善良，她们治愈了我。我记得那个医院光线充足，通风良好，护士们穿着白色的衣服，善良的光芒照耀着四周。我也记得，那时我感到很安全，也很感激。我喜欢她们给我带来的食物。我不想回家，母亲后来告诉我，她非常后悔，但她怎么知道我那天晚上的不安是由绦虫引起的呢？她只是觉得我太淘气了。

如果不是因为我母亲一直担心我会打扰她的丈夫，担心她的第三次婚姻是否成功，这件事本身就不会那么令人难忘或害怕。我记得主要是，我制造了那么多麻烦，吵醒了我弟弟和继父，这让我感到害怕。毕竟，我深爱着母亲，想尽一切办法让她高兴。因此，这件事对我来说是一种象征，具体地证实了我内化了的脚本信息和我对自己的看法："我不可爱，是个负担，碍手碍脚，该受责备，是有过错的。我破坏了别人的生活，毁掉了他们的一切，而且在内心深处，我是如此邪恶。或许我是个坏人，毫无价值，不值得被爱。"

随着我慢慢长大，我发现自己一次又一次地爱着别人，远远超过别人爱我。我步入社会开始工作，无论我尝试做什么，无论我投入多少时间、努力或奉献，我总是无法摆脱过去的阴霾，它像咒语一样在我脑海中反复出现。就像那个厚实的、淡绿色的、刺鼻的、蜘蛛网般的云朵，毫无价值的感觉一次又一次地在我头顶徘徊。于是我学会了逃跑，而不是止步不前，也不是直面痛苦。我逃避婚姻、朋友、家庭、工作场所和教育。我逃避得越多，我就越感到羞愧，因此我就越来越强化了已经形成的剧本。

然后，20多年前的一天，我开始打破这个循环。我还记得事情发生的那一刻。当时，我还在以色列，我坐在家附近的一个犹太教堂的木栅栏后面，听着我13岁的儿子大声、甜美、清晰地唱着歌，就像云雀的声音在梁间回荡。我的儿子在那天举行成年礼，我和他的父亲及我们的家人围绕着他，他被大家认可为成年人。我看着他帅气的脸庞，身边站着的熟人和陌生人簇拥着他，我内心深处的某个声音开始颤抖和悸动。它低声说："塔马，你并不全是坏人，你值得更好的生活。"虽然我作为母亲的日子还没有结束，但我的儿子现在已经步入成人的世界了。我觉得是时候接受高等教育，去寻找我想成为的人了。那一刻，在犹太教堂里，关于我自己的旧有的信念开始瓦解。

我带着自己旧的脚本信息，挣扎着，漂洋过海来到了美国，开始了我的新旅程。我带着一种不可思议的内在希望和勇气向前冲去，再次被充满爱心的陌生人和支持者所包围和支持。我努力学习，努力工作，让我的儿子读完了大学。我获得了三个学位，还写了一本书。在心理医生的帮助下，我学会了保持冷静，停止逃避，直面痛苦。我开始逐步打破那种旧有的信念，它有时仍会让我陷入旧的黑暗深渊。如今，我可以感受到自己值得被爱，值得拥有我的伴侣、儿子和同事的爱。我仍然需要努力克服那种

"我可能是邪恶的、毫无价值、不值得被爱"的感觉。但大多数时候，它们就像被雨水唤醒的旧伤。

重写脚本信息

我相信你也有故事要讲。也许你比我更痛苦，也许你没有我痛苦。不管怎样，你的情绪经历已经影响了你的成长，以及你在个人生活和职业生涯中所做的选择。许多年过去了，当我读到自己的故事时，我才意识到母亲在寻找真爱和维系家庭和睦时多么焦虑和害怕。她自己的童年也并非一帆风顺。她经历了许多艰难的时刻。她努力工作，尽她所能地成为最好的母亲。想到小时候的我试图取悦母亲，总是害怕，我也会生气和痛苦。但现在我已经是一个独立的成年人了，我明白那些我内化的脚本信息不是关于自己的真相，不是"我是谁"的现实。当我发现情绪记忆的层次，意识到我的脆弱和弱点时，我就能够重写脚本信息来反映我实际上能够做什么。

在了解自己的童年和情绪历史的过程中，我意识到所有的孩子在情绪上都受到了成人对待他们的方式的影响。他们需要支持和指导，因为他们会内化和解释从生活中重要的成人（父母、其他家庭成员、教师等）那里得到的信息。作为幼儿教师，我们有责任在这一过程中努力支持儿童。我们可以通过真诚、诚实和开放来做到这一点；通过创造安全的情感空间，让孩子们能够与我们分享他们内心深处的感受；最重要的是，通过了解我们自己来让孩子们愿意与我们分享。因为正是通过理解自己的情绪历史，我们才能够改写那些早期形成的关于自己的脚本信息。

对孩子来说，我们给他们机会，给他们不同的选择，让他们了解自己正在形成的脚本信息，是至关重要的。例如，如果孩子学到暴力或惩罚是得到认可的方式，那么他们就会尽一切努力来证实这一信息。作为教师，我们有机会用不同的方式去行事。虽然我们可能被自己的家庭伤害，但这并不意味着我们必须在别人的身上重复这种模式。我们是可以选择的。反过来，我们也可以帮助孩子认识到这一点。作为教育者，我们最大的天赋就是为孩子们提供一个不同于他们已经习得的选择。

我记得曾有一位代课教师心烦意乱地走进我的办公室，她看起来很糟糕。她的头发乱蓬蓬的，衣服也不整洁，脸颊通红，呼吸沉重。她给我讲了一个4岁孩子在教室里的行为，以及她如何和孩子陷入一场身体上的搏斗。当她最后告诉我，她试图把孩子按在地板上，孩子又踢又打，又咬又抓，还吐唾沫时，我盯着她说："天哪！你怎么能让事情变得这样失控呢？"她随时都可以请求帮助。正如她所描述的，她决心要"驯服"那个孩子。她不会让孩子对她发号施令，也不会让孩子控制她。她觉得要和孩子搏斗到最后一刻！在这种互动中，教师完全认为孩子是错的，她要成为纠正孩子的人。当我去教室看望那个孩子时，他还在生气和怨恨。他和那位教师一样满脸通红，衣冠不整。我想知道，为什么教师忘记了那个孩子只有4岁——他只是一个小男孩。当小孩子明显感到受威胁时,他唯一能做的就是又咬又抓。当教师用尽全力压制他时,他一定吓坏了。我想知道这位教师的个人情绪故事是什么样的,是什么样的情绪经历让她想要和一个小孩子打架,一直打到剩下"最后一口气"。我一直没能知道这位教师的情绪故事,因为她在那之后不久就离开了我们的照护中心。

当我了解了自己的情绪故事后,我在选择管教策略时就变得更加有意识,并且能够监控自己的反应——不像上次因为身为单身母亲感到羞愧而打儿子一顿。我以前总是害怕人们会发现我有多坏,直到我能够打破对自己的认识。由于我一直认为自己是一个麻烦制造者,我发现自己犹豫不决、软弱无力,无法做决定,在设定明确的界限方面也毫无头绪。我总是担心如何取悦别人,我专注于不让别人了解真实的我。这自然影响了我个人生活中的所有关系。从职业上讲,这妨碍了我和孩子们相处。我越不害怕,我就越清楚该如何与孩子及其家人相处。我注意到,即使是现在,当我看到学生对我的课程或教学的评价时,我也会感到焦虑在我的内心深处挥之不去。我反复低语着:"哦,天哪,他们肯定会意识到我现在有多糟糕!"当我的工作被接纳或认可时,我才能感到如释重负。有时感觉就好像我在最后一刻被人从断头台上救下来——直到下一次我还会经历这样的过程!

通过揭开自己的情绪历史,我变得更善于接纳和认可,每个孩子都有独特的故事,每个孩子的敏感性和复原力水平是不同的。有些孩子遭受的虐待比我一生中遇到的还要多。然而，他们似乎能够放下记忆，或者不让记忆支配自己成为什么样的人。事实上，他们在逆境中发展了力量。他们很快就学会不需要生活中的重要他人的认可。而另一些孩子更敏感，哪怕是交往中最轻微的冒犯也会让他感到受伤。我曾见过孩子在照护者、父母的愤怒眼神或不满的"啧啧"声中泪流满面。对待孩子没有一种正确的方式，但了解孩子的情绪历史和了解我们自己的情绪历史一样重要，就像学习一种不同的语言一样。

我永远都不会忘记那一天。我的治疗师对我说："在这个房间里，无论你做什么或说什么，我都不会离开你。我不害怕你。"我一动不动地坐在椅子上，试图让他的话渗入我的大脑，驱走我认为自己很糟糕的旧信息。我花了几个月的时间来理解他的意思，最终在情感上接受了他对我说的话。他的话直指自我认同的核心。这些话让我停下来，让我和自己待在一起。他理解了我的语言。注意，多年来我一直对孩子说这些话，因为我已经意识到那些情绪脚本正在他们的大脑中发展。改变幼儿模式比改变成人模式要快得多。

一切都是关于情绪的

我不同意我同事说的："这些都是关于行为管理的问题。"我不仅管理孩子们的行为，也帮助他们协调自己的感受。我了解他们的情绪历史，了解他们在大脑中内化了什么样的信息，以及为什么内化了这些信息。这一切都始于我与自己的关系。我观察和理解什么让我感动，什么让我害怕，什么能安慰我。我揭开自己压抑或隐藏的感受，探索这样的信息在我小时候是如何被内化的。渐渐地，我与我内心的阴影——恐惧、羞耻、内疚、脆弱，以及我曾视为弱点的态度成为了朋友。我找到了自己的声音，变得坚强、自信和有主见，接受了自己所有的不同部分。我对我如何成为现在的我产生了同情心。我学会无条件地爱自己，然后把这种关系转移到我所照护的孩子身上。

我想起了1991年，弗朗茨说："我们教的是我们需要学的东西。"他让我们解释为什么我们决定选修他的哀伤辅导课程，他警告我们不要给出一个"胡扯的理由"。他说："别说是因为你喜欢帮助别人之类的。试着更深入地思考你为什么想要上这门课。"当我弄清楚我选择上他的课的真正原因（这是一个很长的故事，我可能会在别的时间再写一本书）时，我也意识到我选择教年幼的孩子是为了了解自己的童年。更重要的是，和孩子们一起工作让我找回了自己内心中的孩子，重新理解了我在童年时期内化的脚本信息。

每当我理解一个孩子的情绪需求，我就对自己有了新的认识。我在孩子和教师之间来回穿梭，我们分享彼此的脚本信息，分享我们的痛苦与羞耻、喜悦与热情。通过与孩子们互动，我能够感受到他们的温柔、开放和爱的需求，这让我有机会接触和疗愈自己内心中那个孤独、害怕的小孩。这种互动不仅帮助了孩子，也让我自己得到了救赎和成长。我有一张最喜欢的小时候的照片。我穿着漂亮的衣服，把一个洋娃娃头朝下抱着。我的眼睛里闪烁着淘气和快乐，我微笑着。我喜欢看那张照片，因为它提醒我，在每个人的内心中都有一个快乐的、顽皮的、像孩子一样的灵魂。当我们从身边复杂的、出于好意的、焦虑的成人那里收到信息时，它才变得沉重。作为一名教师或看护人，我的责任是帮助年幼的孩子们保持他们的光芒、快乐和天生的好奇心。通过让自己重新发现自己，我能做得最好。然后，我们可以一起改写我们的情绪脚本。

最近，我的研究生莎伦在她的期末论文中写道："最伟大的早期教育者非儿童莫属，在各个方面他们都是如此。儿童的一些个性特征给教师在与孩子们一起工作时带来了魔力和奇迹。"

行动起来

书写自己的脚本

选择什么样的方式来研究自己完全取决于你自己。对一些人来说，有治疗师、导师或精神领袖的陪伴是很有帮助的，他们可以共同见证自我探索的旅程。而对另一些人来说，单独行动或与支持小组一起行动可能更有帮助。有些人通过教育课程和图书来学习。我认识的一些人在"一小时工作坊"里，通过记日记或冥想来找寻自己的重要记忆。有时，这个探索的过程是直接的，不断向前的。有时，过程是曲折的，我们发现自己后退几步，重新学习或从不同的角度理解所学到的东西。

通过互联网，我认识了许多人。他们把自己的个人思考写在博客上，供他人阅读。许多人把他们自己的故事写进书里，供全世界的读者阅读。通过阅读那些克服了童年虐待的人们的回忆录，我鼓起了勇气，对自己有了更多的了解。我意识到每个人的复原力有多强。我也意识到虐待性的互动（无论是身体上的还是情绪上的）影响着年幼的孩子，并留在他们的情绪记忆之中，影响着他们长大成人后的生活。

以我为例，我现在是一位颇有成就的作家和早期教育领域的教授。我与各种各样的人（包括我的伴侣、儿子、家人、朋友和同事）都有牢固而持久的关系。我能够养活自己和儿子，认识我的人都觉得我很成功。然而，在情绪方面，我经常焦虑不安，对自己缺乏信心。我从来没有真正睡好过，很难相信自己是可爱的或有价值的。当我能够为别人辩护时，我发现很难为自己而战。我必须努力压制脑海中不断出现的声音，这个声音在说我是多么坏、多么有破坏性、多么胖、多么丑或多么老。这个声音说我是个骗子，是个失败者。尽管我知道我对自己的感受来自我在孩提时代所接收的信息，但我的情绪生活是一场战斗。我常常只是做自己就感到筋疲力尽！这让我意识到，我们并不像自己认为或看起来的那么坚忍。

书写自己的脚本可以帮助我以白纸黑字的方式看到内心的思考，描绘一幅关于自己曾经是谁、现在是谁以及将来会成为谁的图景。我会不时地读到自己多年前写的东西。我总是很高兴能看到自己成长。我仍然想探查为什么我可能没有进步。书写自己的人生脚本可以成为你改变小时候对自己认知的一种方式。

这里列出了一些可能影响你的情绪发展的想法或问题，供你思考。在你书写生活脚本的时候，采访一下家庭成员会很有帮助。

- 你在家庭中的出生顺序是怎样的？这对家庭内部的关系有什么影响？
- 你在家庭中扮演了什么样的角色？例如：你被认为是善良、负责任、体贴的人吗？你是家庭中的小丑吗？你是不负责任的、难相处的人吗？你是长期受苦的人吗？你是随心所欲的人吗？你是受害者吗？你是害群之马吗？我相信你能想出合适的词汇来形容自己在家庭中所扮演的角色。
- 哪些生活中的挑战影响了你的父母或监护人，进而可能影响了他们与你的交往？
- 哪些情况或事件（如果有的话）对你来说特别值得记住或难忘？为什么你认为它们对你有象征意义或是特别的创伤？
- 关于你自己、你的兄弟姐妹，或者你的家庭成员，被大家反复讲述的故事有哪些？
- 你在成长过程中失去了什么？你经历过哪些分离——父母离婚、死亡、情感上的抛弃、搬到新家或不同的州或国家？
- 你如何获得自己的性别认同？你的主要影响者或榜样是谁？成为女性或男性有哪些令你愉快、沮丧、兴奋或害怕的事情？
- 你的父母、监护人或其他家庭成员的生活脚本是什么？例如，我有很多次听到我外祖母的故事。这个故事充满了野性和戏剧性，其中包括悲剧、死亡、失望和被抛弃的情节。我相信，她的故事经过我母亲和姨妈的过滤后，对我产生了影响，以至于"苦难是光荣的"成为了我人生的主题。在接受心理治疗期间，我发现了这一点，并在研究生阶段的一门家庭治疗课中，我创建了一个家谱图（家庭树）。当我写下每个人讲述的外祖母的故事时，我意识到我在情绪上已经继承了一些她的生活脚本，包括作为孤儿和被抛弃的部分——这是两三代之后的事情了。的确，对于这种自我探索来说，采访家庭成员是至关重要的。
- 你的人生脚本如何影响你接受多样性的能力？这是一个更大的主题，我在《直面我们的不适：为童年早期的反偏见扫清道路》一书中做了深入探讨。重要的是要记住，我们的人生脚本和早期童年经历不仅影响我们的情绪发展，还影响我们如何学习文化认同以及如何接受别人的差异（Jacobson，2003）。

当我们面对偏见时，我们便触及了一个人的核心。它与我们生活中的重要他人有关。社会（包括媒体、学校和社区）也会影响偏见。但是，当我们很小的时候，偏见一般来自亲密的家庭成员。他们教我们辨别善与恶、对与错。即使长大后，我们也能记住他们的话："事情就应该是这样的，否则很危险，所以要小心！"他们警告我们，如果我们在与他人的关系中不小心谨慎，那么所有可怕的事情都可能会发生在我们身上。（Jacobson，2003，p.49）

结　　论

几年前，当我从水牛城搬到费城时，我不得不和我的治疗师道别。我准备好了。多年来，我一直跟随他进行自我研究之旅。这是多么激动人心的旅行啊！他陪伴我探索自己的情绪历史，他见证了我的痛苦,也见证了我发现不同的自我时的喜悦和兴奋。这是很棒的经历,从不同的方面提升了我个人生活和职业生活的质量。作为临别礼物,他送给我一张小海报,上面写着美国著名舞蹈家和编舞家玛莎·格雷厄姆(Martha Graham)的励志语录。我把它裱起来,放在离我工作的地方很近的书架上。当我感到自己陷入童年的旧有脚本模式时,我会读这些话来提醒自己整理思绪——就像让大脑和灵魂深呼吸一样。我拂去 8 岁时笼罩在我心头的厚实的、淡绿色的、刺鼻的、蜘蛛网般的云朵。当时我躺在阴暗的客厅里,我离生命中最重要的人的房间那么近,但我却不敢喊出来。我要重新改写我的情绪脚本。

有一种活力,一种生命力,一种能量,它们通过你转化为行动,因为在所有的时间里只有你一个人,这种表达是独一无二的。如果你阻止它,它就不会通过其他媒介存在,它将会消失。世界将不会拥有它。你无权决定它多好、多有价值,也无权将它与其他表达方式做比较。你的责任是清晰而直接地保持它,保持通道畅通。你甚至不需要相信自己或自己的工作。你必须让自己保持开放的心态,意识到激励你的冲动。保持通道畅通。(Martha Graham,引自:De Mille,1991)。

参 考 文 献

Chernin, K. 1998. *The woman who gave birth to her mother: Seven stages of change in women's lives*. New York: Penguin.

De Mille, Agnes. 1991. *Martha: The life and work of Martha Graham*. New York: Random House.

Jacobson, T. 2003. *Confronting our discomfort: Clearing the way for anti-bias in early childhood*. Portsmouth, N.H.: Heinemann.

Nelson, P. 1993. *There's a hole in my sidewalk: The romance of self-discovery*. Hillsboro, Ore.: Beyond Words Publishing.

附录

幼儿教师调查问卷

感谢您参与这次调查。请放心,您的答案将完全保密。请不要把您的名字写在问卷上。对于一些题目,请您选择最适合您的答案。对于另一些题目,请您用自己的话"写下"答案。这个调查不超过 10 分钟就可以完成。

首先,我们想问关于成年人和您自己发怒的问题。

1)您多久有一次发怒的感觉?

□从不　□很少　□偶尔　□经常　□通常　□总是

2)您觉得发怒是一种什么样的感觉?(如有需要,请写在问卷背面。)

_____

_____

_____

3)成年人发怒不好吗?

□是　□否

4)您小时候在父母面前可以表达愤怒吗?

□是　□否

5）为什么当您还是个孩子的时候，在父母面前表达愤怒是可以的，或者是不可以的？（如有需要，请写在问卷背面。）

_____
_____
_____

6）是什么让您发怒？（如有需要，请写在问卷背面。）

_____
_____
_____

7）您如何表达愤怒？（如有需要，请写在问卷背面。）

_____
_____
_____

其次，我们想问有关儿童或者您班里儿童发怒的问题。

8）孩子们可以在教室里表达愤怒吗？

　　□是　　□否

9）当孩子们在教室里表达愤怒时，您会怎么做？（如有需要，请写在问卷背面。）

10）孩子发怒不好吗？

　　□是　　□否

11）在照护和教育孩子时，您是否经常感到愤怒？

　　□从不　　□很少　　□偶尔　　□经常　　□通常　　□总是

12）和孩子一起工作时，什么会让您发怒？（如有需要，请写在问卷背面。）

最后，我们想问您一些人口统计学的问题。

13）您与幼儿或幼儿教师一起工作了多长时间？

　　□不到1年　　□1~5年　　□5~10年　　□10~15年

　　□15~20年　　□20年以上

14）您的年龄？_____

15）您的性别？

　　□女　　□男

16）您的种族或文化背景是什么？

　　　　□白种人　□非裔　□拉丁裔　□亚裔　□美国土著　□其他

17）您完成了 CDA[①] 培训吗？

　　　　□是　　□否

18）请说明您目前的教育程度。

　　　　□高中肄业　　□高中毕业　　□大学肄业　　□副学士学位
　　　　□学士学位　　□硕士学位　　□博士学位

感谢您抽出时间参与这次调查！

---

① 英文全称为"Child Development Associate"，直译为"儿童发展助理"。CDA 培训是美国目前最具代表性的优质幼儿教师职业培训项目。——译者注